Uwe Dankert

Das inoffizielle Billigstrom-Buch

UWE DANKERT

DAS INOFFIZIELLE BILLIGSTROM-BUCH

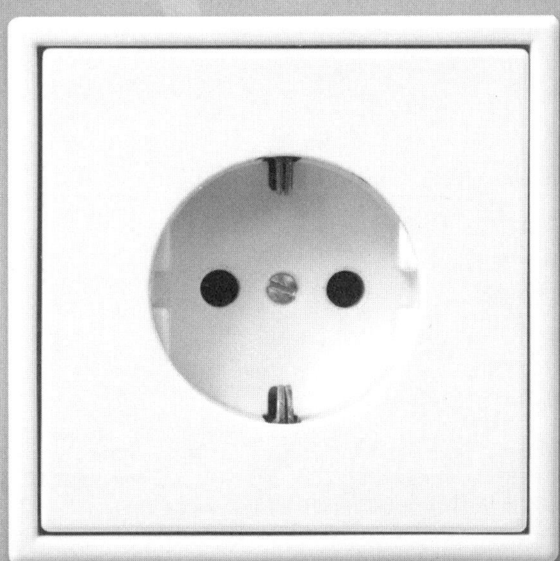

Mit 38 Abbildungen

FRANZIS

Bibliografische Information der Deutschen Bibliothek
Die Deutsche Bibliothek verzeichnet diese Publikation in der Deutschen Nationalbibliografie; detaillierte Daten sind im Internet über **http://dnb.ddb.de** abrufbar.

Herausgeber: Ulrich Dorn
Satz: G&U Language & Publishing Services GmbH, Flensburg
art & design: www.ideehoch2.de
Druck: Bercker, 47623 Kevelaer
Printed in Germany

ISBN 978-3-7723-**4187-8**

1 Einleitung und Motivation

Flexstromlichtblicke am Horizont? Alles ist e primo. Oder gleich ganz nuon? Nee, Quatsch, ein e wie einfaches einfach. Oder kommt Ihnen das alles etwas gelb vor? Sagt Ihnen das etwas?

1.1 Etwas ist in Bewegung gekommen

Aber schauen wir erst einmal zurück. Erinnern Sie sich noch an die Jahre vor 1996? Ein neues Telefon? Na ja, musste man beim damaligen Monopolisten bestellen. Wie nannte er sich noch? Ah ja: Deutsche Bundespost. Kostete nichts. Drei Geräte standen zur Auswahl. Nur wenn man genau hinschaute, sah man auf der monatlichen Abrechnung einen Buchungsposten zum neuen Endgerät. Aber die kontrollierte man ja gar nicht so richtig, zu überweisen war auch nichts, ging alles ganz automatisch. Nur eine monatliche Rechnung und ein Eintrag im Kontoauszug.

Hat man dann aber doch mal einen Stift und einen Taschenrechner genommen und diesen Posten bei den Rechnungen von 12 Monaten addiert – ooops! Da kam ja doch ein erklecklicher Betrag heraus.

Und plötzlich war alles ganz anders. Überall Werbung, in Zeitschriften, auf Plakaten, im Fernsehen, im Radio mit viel Musik und fröhlichen Menschen. Man konnte sich Telefone im Kaufhaus kaufen. Oder bei einem der damals in Mode kommenden Großmärkte für Unterhaltungselektronik. Zur Unterhaltung zählte plötzlich auch ein Telefon. Die Geräte wurden bunter (Erinnert das nicht an »Yello«?), intelligenter (»eprimo«?), zu einem Designgerät hochgejubelt (»LichtBlick«?). Alle zwei Monate wurden neue Geräte mit vermeintlich neuen Leistungen auf den Markt gebracht (»FlexStrom«?). Von ganz unbekannten Firmen (»E WIE EINFACH«?) kamen Geräte, teils sogar aus dem (asiatischen) Ausland (»Nuon«?).

Gewonnene Freiheit = Gewinn?

Jetzt ging es aber los. Nicht nur Endgeräte, auch den Lieferanten mit entsprechenden Tarifen konnte jeder plötzlich frei wählen. Und die Möglichkeiten stiegen. Zuerst kam die ISDN-Welle der Deutschen Telekom, dann traten neue Anbieter wie Arcor auf. Sogar Energielieferanten überlegten konkret, in dieses für sie völlig fremde Geschäft einzusteigen (was sich schnell als doch nicht so einfach, weil fremd, erwies und sie vielfach wieder ausstiegen).

Mittlerweile gibt es die freie Wahl bei DSL, tägliche neue Paketangebote in den Medien (vor allem vor Weihnachten), Flatrates sowie Hot Spots mit WLAN überall. Auch der Mobilfunk glänzt mit zahlreichen Angeboten. Neue Dienste, neue

Tarife, billiger, besser (was sonst?). Und wer behauptet, in den Tarifen der Mobilfunkanbieter noch durchzublicken bzw. das beste Angebot für sich leicht herausfinden zu können, der hat sich mit den Tarifen und Kombiationsmöglichkeiten noch nicht richtig auseinandergesetzt oder verfügt über sehr viel Zeit.

Erwartet uns bei Strom jetzt das gleiche? Strom bei Discountern und Kaffeeläden, Flyer und Plakatwände in den Fußgängerzonen und in den neuen Einkaufsmeilen vor den Festtagen? Sympathische, junge (aufdringliche) Werbekolonnen in den Fußgängerzonen? Und das alles wegen Strom? Also muss es um viel Geld gehen!

Aber zuerst wird es überall teurer, und gerade 2007 haben wir mehrere Wellen an Preiserhöhungen wahrnehmen können. Dann tauchten verstärkt ganz neue Namen in Verbindung mit Strom auf, alles ganz easy. Und es gibt jetzt sogar »grünen« Strom. Die Ökowelle rollt. Da fragt sich schon mancher von uns, ob das denn heißt, dass die Elektronen, die bei uns zu Hause aus der Steckdose kommen, eine grüne Farbe besitzen? Oder dass wir in die Steckdosen nur noch Geräte einstecken können, die keinen Stand-by-Betrieb mehr haben und sich ökologisch korrekt verhalten?

Verwirrung? Konfusion? Informationsbedarf!

Was ist ein Paketpreis, ein Nachttarif, ein mengenabhängiger Tarif, was genau leisten Stromrechner im Internet? Was macht ein Grundversorger und was macht ein Grundversorger nicht? Und was ist das überhaupt? Viele Fragen und auch viele Antworten, überall. Unabhängige Antworten?

Etwas ist aber definitiv in Bewegung gekommen, das Thema Stromverbrauch ist nicht nur wegen der Kosten in aller Munde. Vor Weihnachten ist sogar das Ausmaß der Illuminierung mit Lichterketten etwas zurückgegangen. Vermehrt wird in der Wirtschaftspresse und auf den Wirtschaftsseiten der Tagesblätter sowie im Internet über das Verhalten der Stromanbieter und ihrer Kunden berichtet, also über uns.

Offensichtlich geht etwas nicht mehr so weiter, es ändert sich. Dadurch steigt die Nervosität bei sehr mächtigen Firmen, die plötzlich etwas so Neues wie die Macht der Vielen kennenlernen. Vattenfall musste im Sommer 2007 zugeben, dass Störfälle in zwei Kernkraftwerken doch ernster waren, als es nach den ersten sehr zögerlichen Pressemitteilungen aussah (aber nicht so ernsthaft, wie Kritiker der Kernenergie sofort laut verkündeten, das stellte sich hinterher nach einer sehr intensiven Analyse heraus, siehe auch [SPIE12007]).

Und plötzlich kam eine ganz neue Reaktion aufseiten der Kunden. Nicht nur wegen der Preiserhöhungen haben infolge dieser Unfälle mehr als 200.000 Kunden diesen Energieversorger verlassen und vielfach zu einem Ökostromanbieter wie LichtBlick gewechselt. Und dieser Trend, sich nicht mehr alles von monopolistischen Unternehmen gefallen zu lassen und die neuen Freiheiten auszunutzen, geht weiter. Seit Beginn der Deregulierung im Strommarkt 1998 stiegen die Wechselraten unter den privaten Stromkunden rapide an. Und es wird erwartet, dass es in diesem Jahr so weitergeht

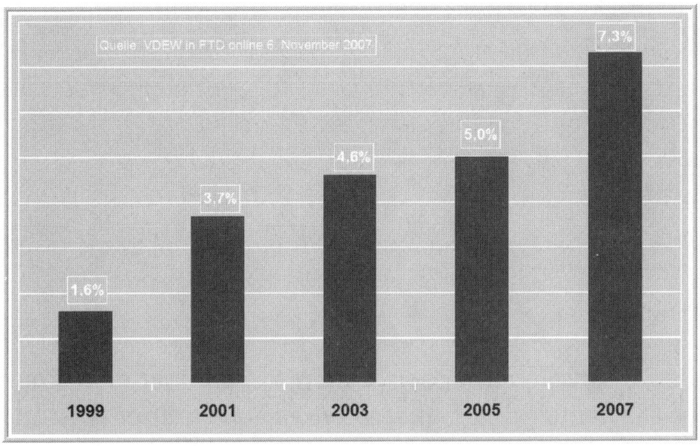

Bild 1.1 Kumulierte Wechselquote des Stromversorgers bei privaten Haushalten in % seit dem Beginn der Deregulierung 1998 (Quelle: VDEW in FTD online).

Parallel dazu verschärfen sich die Diskussionen um die Zukunft unserer Erde, die mit einem verstärkten Treibhauseffekt infolge der massiven Kohlendioxid-Emissionen vor allem der Industrieländer, zunehmend aber auch aufstrebender, gestern noch Dritte-Welt-Länder wie China und Indien konfrontiert wird. Letztlich wird es nicht die Erde sein, die bedroht ist, sondern es sind wir Menschen selbst.

Die Themen der Energieversorgung und des Stromverbrauchs sind also so aktuell wie zuletzt in den Siebzigern des letzten Jahrhunderts, als die grüne politische Bewegung in Zusammenhang mit dem bekämpften Ausbau der nuklearen Stromversorgung entstand. Kurz- bis mittelfristige Umweltauswirkungen waren damals nicht das Hauptthema, aber die Diskussionen um die Kernenergie sind zurückgekehrt.

Noch trägt die Kernenergie knapp ein Drittel der Stromproduktion und ein Achtel der Primärenergie. Aber regenerativ erzeugter Strom hat stark aufgeholt: 2007 wurden bereits mehr als 14 % regenerativ erzeugt [FASZ01081]. Und in der Primärenergie hat die regenerative Energie trotz der etwas nachteiligen Bewertung nach dem üblichen Wirkungsgradkonzept die Kernenergie bereits überholt!

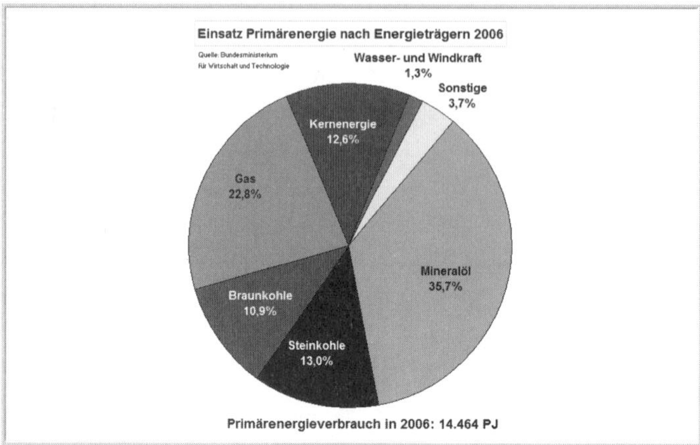

Bild 1.2 Primärenergie nach Energieträgern.

Immerhin, trotz der vielen Diskussionen in den letzten Jahren über den »kranken Wirtschaftsstandort Deutschland« ist unsere Wirtschaft in ihrer Leistung und Leistungsfähigkeit gestiegen. In den letzten zehn Jahren hat sich das **B**rutto**i**nlands**p**rodukt (BIP), also der auf dem Gebiet der Bundesrepublik geschaffene Produktionswert, um ca. 14 % gegenüber 1997 erhöht. Der Anstieg (unser Wirtschaftswachstum) beschleunigt sich seit 2005 sogar, was sowohl für 2007 als auch für 2008 erwartet wird.

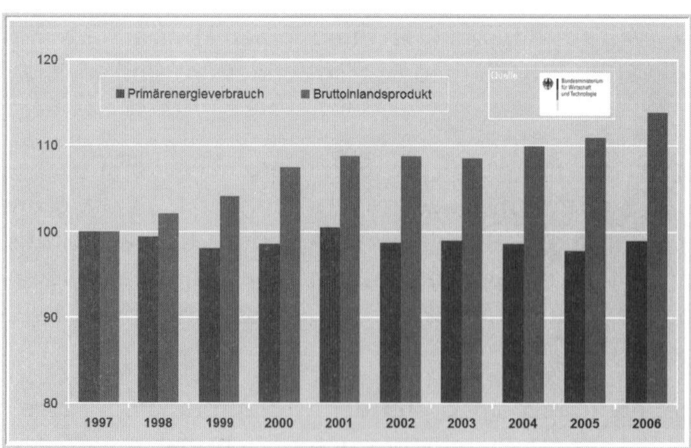

Bild 1.3 Energieverbrauchsentwicklung (Quelle: Bundesministerium für Wirtschaft und Energie).

Dagegen verbrauchen wir in Deutschland ungefähr noch die gleiche Primärenergie, das sind im Prinzip alle für unsere Energieversorgung notwendigen Rohstoffe wie Kohle, Uran, Erdgas, Erdöl (und Sonne, Wind sowie Biomasse). Das bedeutet letztendlich, dass sich unser Wirtschaftswachstum volkswirtschaftlich vom Energieverbrauch mehr oder weniger entkoppelt hat. Wir erzeugen also jedes Jahr mehr Produktionseinheiten mit dem volkswirtschaftlich gesehen gleichen Energieeinsatz.

Grund zur Freude?

Ein Blick auf die Kosten für uns ernüchtert ein wenig. Die allgemeinen Lebenshaltungskosten sind in Deutschland in den letzten zehn Jahren um ca. 11 % gestiegen, die Inflation hat also bescheidene Größenordnungen angenommen.

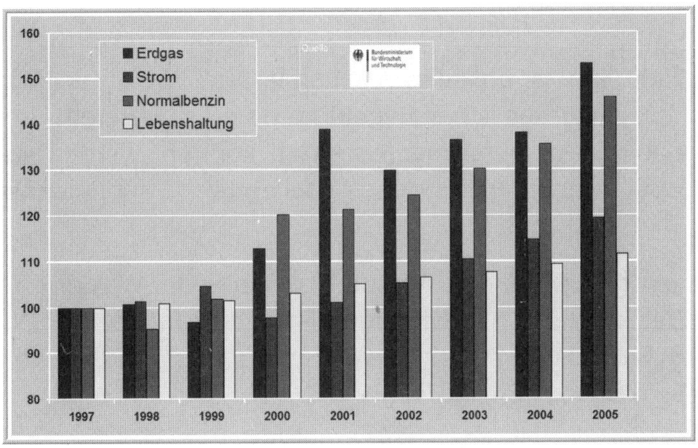

Bild 1.4 Energiepreise im Vergleich zu Lebenshaltungskosten (Quelle: Bundesministerium für Wirtschaft und Energie).

Dagegen sind die Preise für unsere Endenergien Benzin (+ 45 %), Erdgas (+ 53 %) und Strom (+ 19 %) wesentlich deutlicher gestiegen. Der Anstieg bei Benzin ist natürlich aufgrund der gestiegenen Erdölpreise leicht nachvollziehbar. Bei Erdgas wird das schwieriger, aber das liegt an der Preiskopplung von Erdgas an die allgemeinen Lebenshaltenskosten und den Heizölpreis. Und Strom? Öl spielt bei der Produktion fast keine, Erdgas nur eine vergleichsweise kleine Rolle. Ist es also nur der Staat, der hier zulangt, wie immer wieder betont wird?

Dieses Buch möchte helfen, hier Transparenz zu schaffen. Wir beleuchten die folgenden Aspekte daher Schritt für Schritt:

- Wo kommt unser Strom eigentlich her? Was befindet sich hinter unseren bequemen Steckdosen? Wie sieht die Infrastruktur aus? Wie wird der regenerative Strom eingespeist und wie kann er unterschieden werden (siehe Kapitel 2 *Unsere Stromversorgung*).
- Wir wissen alle, dass Strom oder allgemein Energie nicht umsonst ist. Aber warum kostet Strom das, was er heute kostet? Wer verdient mit wie viel eigentlich mit? Hat der Staat wirklich eine so hohe Steuerbelastung auf den Strom gelegt, dass die immer wiederkehrenden Vorwürfe vor allem der großen Energieversorgungsunternehmen berechtigt sind? Welche Entwicklungen sind zu erwarten (siehe Kapitel 3 *Preisstruktur unseres Stroms*)?
- Müssen wir uns das alles gefallen lassen? Was können wir tun, um unsere Kosten zu optimieren, günstiger zu verbrauchen, gezielter zu verbrauchen? Erreichen unsere Hebel den Richtigen (siehe Kapitel 4 *Hebel der Haushaltskunden*)?
- Dürfen wir das alles? Müssen wir uns alles gefallen lassen? Wie unterstützt uns der Rechtsstaat? Welche gesetzlichen Regelungen sind zu unserem Nutzen? Ohne eine genaue Rechtsberatung leisten zu können, werden wir wenigstens die grundsätzlichen Regelungen vorstellen (siehe Kapitel 5 *Die Rechtslage*).
- Jetzt haben wir uns entschlossen, den Anbieter zu wechseln. Was gibt es alles zu beachten? Wer kann uns alle wichtigen Fragen beantworten? Wir haben die wichtigsten Fragen gesammelt und geben erschöpfende Antworten dazu (siehe Kapitel 6 *Häufig gestellte Fragen*).
- Ach ja, wer steht eigentlich hinter den Steckdosen? RWE, E.ON, EnBW und Vattenfall dürften ja mittlerweile jedem zumindest vom Namen her bekannt sein. Aber was ist deren Geschäftsstrategie? Wo sind sie aktiv, wo wollen sie hin? Wer ist noch so im Strommarkt unterwegs? Auf wen können wir uns verlassen? Hier muss sich natürlich jeder selbst eine Meinung bilden, wir wollen aber wenigstens die wichtigsten Informationen steckbriefartig zur Verfügung stellen (siehe Kapitel 7 *Stromanbieter auf dem deutschen Markt*).

Zum Abschluss noch ein Zitat aus dem Magazin der Süddeutschen Zeitung vom 28. Dezember 2007 zum Jahreswechsel:

Ist der Strompreis zu hoch?

»Betrachtet man die Frage unter dem Aspekt der Knappheit von Ressourcen, wie etwa Jürgen Trittin, oder im Hinblick darauf, was Strom an Lebensqualität bietet, wie E.ON-Chef Wulf Bernotat in einem Interview, dann könnte man vielleicht meinen, Strom sei zu billig. Beantwortet man die Frage hingegen aus Sicht der energieintensiven Industrie oder unter sozialen Aspekten, könnte man vielleicht meinen, Strom sei zu teuer. Doch ökonomisch tragen letztlich beide Antworten nicht: Wenn der Markt funktioniert – und niemand hat hiergegen bisher überzeugende Fakten vorlegen können -, dann kann der Strompreis weder zu hoch noch zu niedrig sein. Er bildet nur das Marktgeschehen ab.« (Prof. Dr. Utz Claassen, ehemaliger Vorstandsvorsitzender EnBW) [SZ12073].

Dieses Buch soll mit dazu beitragen, das Marktgeschehen an das Geschehen eines richtigen Marktes anzunähern. Dann passiert vielleicht bald nicht mehr so etwas wie zum Jahreswechsel 2007/08: *»Mehr als 300 Stromanbieter erhöhen die Preise. Bis zu 25 Prozent Anstieg ... Mit der Wahl eines anderen Versorgers lassen sich nach Berechnungen der Bundesnetzagentur 200 bis 300 Euro im Jahr einsparen.«* (aus [SZ12072]).

2 Unsere Stromversorgung

Ausgangspunkt unserer wie jeder anderen Energiewirtschaft sind die Rohstoffe, aus denen wir unsere Primärenergie beziehen. In 2006 waren das in Summe 14.464 PJ (**P**eta **J**oule, das sind 14.464.000.000.000.000.000 Joule), und allen Diskussionen über begrenzte Ressourcen und steigende Öl- und Erdgaspreise zum Trotz wurden etwa 82 % aus den fossilen Rohstoffen Gas, Stein- und Braunkohle und Mineralöl erzeugt. Die Kernenergie, die zum Gesamtenergieverbrauch etwa 13 % beitrug, wird dabei nur für die Stromerzeugung genommen. Die Bewertung der einzelnen Energieträger bzgl. des Primärenergieeinsatzes ist zwar diskussionsfähig, weil die regenerativen Energieträger bei dem derzeitigen Bewertungsstandard zu gering gewichtet werden. Aber es gibt (noch) nichts zu daran zu deuteln: Wir leben immer noch primärenergetisch im fossilen Zeitalter.

2.1 Primärenergiestruktur

Etwas mehr als 14.000 PJ, wie viel sind denn das? Eine 14 mit anschließend 18 Nullen: 14.000.000.000.000.000.000 Joule. Vielleicht hilft Ihnen der Wasservergleich ein wenig: Mit der von unserer Volkswirtschaft benötigten Primärenergie könnte man theoretisch etwa 40 Milliarden Tonnen Wasser zum Kochen bringen. Das ginge natürlich nur, wenn die gesamte Primärenergie ins Kochwasser gesteckt werden könnte, also ohne Umwandlungs- und Transportverluste in einem Stromnetz und einem Herd.

Ein heißer Bodensee

Zum Vergleich: Der Bodensee enthält ungefähr eine Wassermenge von 48,5 km^3 [WIKIBOD], das entspricht in Gewicht umgerechnet auch ungefähr 48,5 Milliarden Tonnen. Also, mit der Primärenergie pro Jahr kann ein etwas kleinerer Bodensee jedes Jahr zum Kochen gebracht werden.

Dass dies aber nicht geht, zeigt der Energiefluss in Deutschland, dargestellt für 2003, was sich aber im Prinzip seitdem nicht wesentlich geändert hat. Von der Primärenergie können zwei Drittel als Endenergie den Verbrauchern zur Verfügung gestellt werden, 29 % gehen bei den energetischen Umwandlungen bzw. Transformationen als Verluste verloren oder werden nicht für Energiezwecke gebraucht (7 % zum Beispiel durch die Herstellung von Asphalt aus Öl und Kohle). Auch diese Endenergie kann nur zum Teil genutzt werden. Letztendlich kommt ein Drittel der Primärenergie bei den Energieverbrauchern als Nutzenergie an.

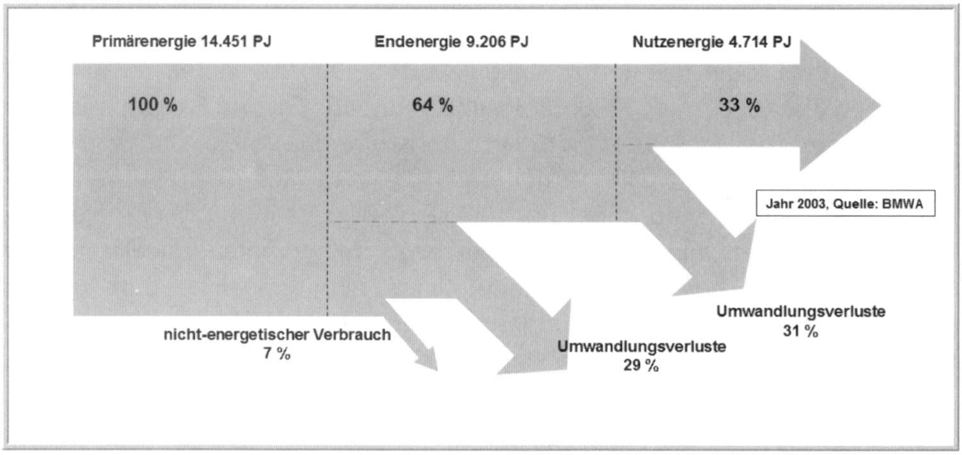

Bild 2.1 Vereinfachtes Energieflussdiagramm für Deutschland 2003.

Wenn wir bei dem Bild des Wassers bleiben, dann könnten damit immerhin noch 13 Milliarden Tonnen Wasser (33 % von 40 Milliarden Tonnen) zum Kochen gebracht werden. Das entspricht ungefähr dem schweizerischen Anteil des Bodensees.

Natürlich wird nicht die gesamte Primärenergie für die Erzeugung von Strom eingesetzt, es zählen ja auch der Verkehr und die Wärmeverwendung zu den Nutznießern der gewandelten Primärenergie. Dennoch benötigt Deutschland fast 38 % aller Primärenergieträger (5.471 PJ in 2003) für die Erzeugung seines Stroms. Das verdeutlicht in der Tat den Stand der Elektrifizierung unseres Landes mit allen damit verbundenen Wohltaten.

Etwas mehr als ein Viertel (26 %) unseres Stroms von 2006 insgesamt 634 Milliarden kWh wird derzeit in Kernkraftwerken erzeugt, etwas mehr als die Hälfte (58 %) noch durch das Verbrennen fossiler Rohstoffe und mittlerweile schon 11,5 % durch regenerative Energieträger wie Wasser, Wind, Biomasse und Fotovoltaik (alle Prozentangaben beziehen sich auf 2006). Damit wird klar, dass die politische Entscheidung, aus der Kernenergie auszusteigen und gleichzeitig die CO_2-Emissionen zu senken, große Herausforderungen an die Wahl der ökologisch vorteilhafteren regenerativen Primärenergieträger stellt, aber auch an den Verbrauch und die Effizienz des Verbrauchs.

Etwa 21 % des erzeugten Stroms verbrauchen wir in unseren Haushalten (142 Milliarden Kilowattstunden im Jahr 2006).

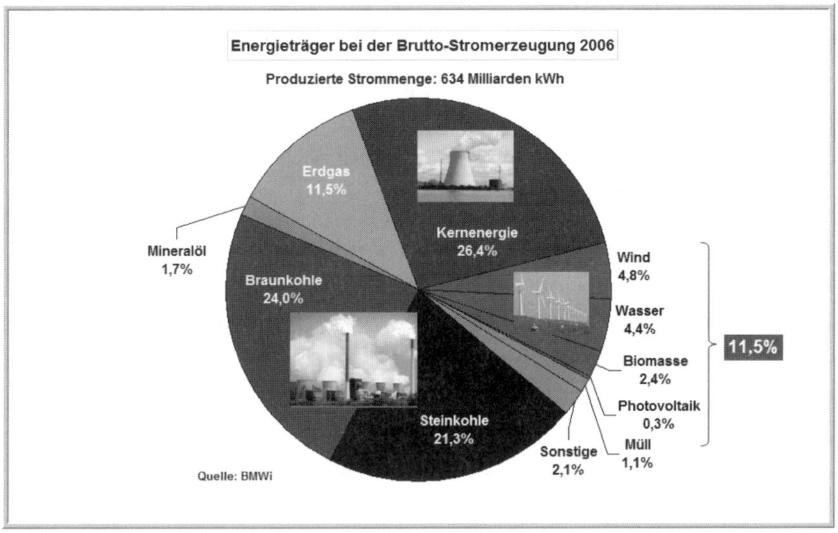

Bild 2.2 Stromherkunft (Quelle: BMWi).

Alles hat seinen Preis

Für die Preisfindung ist die Herkunft des Stroms aus den einzelnen Primärenergieträgern relativ wichtig. Weil Kernkraftwerke aufgrund ihres Alters bilanziell weitgehend abgeschrieben sind, der Rohstoff Uran unwesentlich zu den Stromgestehungskosten eines Kernreaktors beiträgt (wenige Prozent) und die Reaktoren meist eine hohe Auslastung aufweisen, weil sie unsere Grundlast bedienen, ist ihr Kostenbeitrag zum Strompreis relativ gering. Theoretisch zumindest.

Im Gegensatz dazu müssen für regenerativ erzeugte Stromeinheiten eigentlich keine Benutzungsgebühren für die höheren Netzebenen gezahlt werden, da diese ja auch gar nicht benutzt werden. Regenerative Kraftwerke, wie Windkraftanlagen, Wasserkraftwerke und auch Fotovoltaikanlagen, werden entweder auf der Niederspannungs- oder der Mittelspannungsebene angeschlossen und verursachen dadurch (fast) keine Netznutzungskosten auf der Hochspannungs- und Höchstspannungsebene. Wir haben »fast« in Klammern gesetzt, da wir in Deutschland eine Häufung von Windkraftanlagen vor allem in den Küstenländern in Norddeutschland finden. Dort sind natürlich die Windverhältnisse wesentlich günstiger als im Binnenland, sodass auch »Windstrom« zunehmend über das Hochspannungsnetz transportiert werden muss. Die Verbraucher sind eher im Ruhrgebiet bzw. Rhein-Main-Gebiet und in Süddeutschland beheimatet. Wenn die Offshore-Anlagen in der Nordsee in den nächsten fünf Jahren wie geplant ausgeweitet werden, wird sich diese Thematik noch verstärken.

Dennoch, regenerativer Strom sollte in den Transportkosten billiger sein als der nicht-regenerative Strom. Die höheren Vergütungssätze sind ja, durch einen eigenen Anteil auf alle Kilowattstunden, unabhängig von der Herkunft, umgelegt worden (siehe auch *Kapitel 3.1 Herleitung des Preises*). Dies bestätigt sich auch dem, der die Preisangebote von Ökostromanbietern vergleicht!

Werfen wir noch einen sorgfältigen und prognostizierenden Blick auf die regenerativen Energieträger. Diese stellen ja ein wesentliches Kernelement der aktuellen Umweltpolitik dar und sind erfreulicherweise einem rasanten Ausbau unterworfen. Wasser- und Windkraft und zunehmend aus Biomasse gewonnener Strom bilden den Löwenanteil in der regenerativen Stromerzeugung. Windenergiekapazitäten sind in Deutschland mittlerweile sogar weltweit führend und übertreffen die Wasserkraftkapazitäten um fast 10 %. Im letzten Jahr wurde zum ersten Mal auch mehr Strom aus Windkraftwerken als aus Wasserkraftwerken (regenerativ wie nicht-regenerativ!) erzeugt.

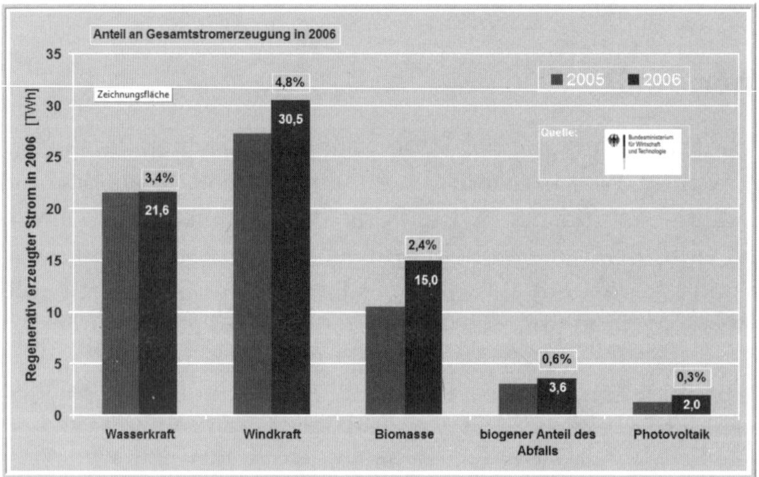

Bild 2.3 Entwicklung und Menge regenerativ erzeugten Stroms in 2005 und 2006 (Quelle: Bundesministerium für Wirtschaft und Technologie).

Man muss bedenken, dass die Wasserkraft zwei grundsätzlich unterschiedliche Zielsetzungen hat: zum einen die permanente Stromerzeugung (die klassischen »Wassermühlen«), zum anderen aber Pumpspeicherwerke, in die zum Teil durch Strom erst einmal ein Speicherpotenzial hineingepumpt wird, um kurzfristigen Spitzenbedarf zu decken.

Die Fotovoltaik spielt im Moment noch keine große Rolle und beginnt erst eine möglicherweise stürmische technologische Entwicklung. Hier können natürlich staatlich initiierte und geförderte Investitionsprogramme eine starke Inkubatorenfunktion erfüllen. Und jeder von uns kann ebenfalls dazu beitragen, indem wir selbst Solarzellen auf unsere Dächer montieren oder indem wir wenigstens zu einem Ökostromanbieter wechseln. Dazu aber später mehr.

INFO!

Fotovoltaik

Fotovoltaik ist die direkte Umwandlung von primär Sonnenenergie in elektrische Energie. Die Fotovoltaik ist ein Teilbereich der umfassenderen Solartechnik. Der Name setzt sich aus den Bestandteilen »Photos« (griech. Licht) und »Volta« (nach Alessandro Volta, einem italienischen Naturwissenschaftler) zusammen.

Dieser Abschnitt schließt mit einer kleinen Übersicht der Vor- und Nachteile einzelner Energieträger, die zu unserer Stromversorgung beitragen. Die Übersicht ist alphabetisch gehalten, um nicht durch die Anordnung schon eine Wertung zu implizieren. Resümee: Es gibt nicht den Primärenergieträger, alle haben ihre Vor- und Nachteile. Es bleibt abzuwarten, inwieweit die entschiedenen oder noch geplanten politischen Programme die Zusammensetzung unseres Primärenergiemixes zur Erzeugung der notwendigen Strommengen ändern werden.

Primärenergie	Vorteile	Nachteile	Einfluss auf den Strompreis
Biogene Anteile am Abfall	Rohstoffe entstehen von selbst Über die Zeit gemittelt CO_2-neutraler Kreislauf	Hauptziel ist eigentlich die Abfallvermeidung	Aufgrund des kleinen Anteils eher gering
Biomasse	Heimischer Rohstoff CO_2 neutraler Kreislauf Flexibel im Einsatz (Biokraftstoffe, Biogas, Stromerzeugung)	U. U. hohe Importe und ökologischer Kahlschlag in Entwicklungsländern Eventuell primärenergetisches Nullsummenspiel Ökologisch zum Teil heute schon bedenklich Begrenztes Potenzial Konkurrenz zu Lebensmittelerzeugung Flächenintensiv	Anteil wird steigen

Primärenergie	Vorteile	Nachteile	Einfluss auf den Strompreis
Braunkohle	Heimischer Energieträger Große Vorräte	Sehr hohe CO_2-Emissionen Hohe Transportkosten, daher Verbrennung in der Nähe des Abbaus Nur für die Grundlast geeignet	Mittelfristig konstanter Beitrag; allerdings erhöhter Anteil durch CO_2-Verminderungskosten sicher
Erdgas	Relativ saubere Verbrennung KWK-geeignet, damit vor allem auch in der Nähe von Verbrauchern einsetzbar Kraftwerke können schnell hochgefahren werden, also für Spitzenlasten geeignet	Hohe Importabhängigkeit, z. B. von Russland CO_2-Emissionen Für häusliche Wärmeerzeugung eigentlich sinnvoller einzusetzen	Kopplung des Erdgaspreises an den (Heiz-) Ölpreis, damit mittelfristig eher steigend; erhöhter Anteil durch CO_2-Verminderungskosten sicher
Geothermie	»Heimischer« Rohstoff Emissionsfrei Hohes Potenzial Flexibel für Wärme- und Stromerzeugung nutzbar (KWK)	Noch weitgehend Neuland in Deutschland Hoher Bohrungsaufwand	Derzeit nicht wirklich einschätzbar
Kernenergie	Kraftwerke weitgehend abgeschrieben Sehr kostengünstig im Betrieb Keine CO_2-Emissionen während des Betriebs	Nur für Grundlast geeignet Hohe Abhängigkeit von Importen Abhängigkeit vom nuklearen Brennstoffkreislauf Endlagerung der radioaktiven Abfälle nötig, aber technisch und politisch ungelöst	Mittelfristig konstant; durch den politisch verabredeten und entschiedenen Ausstieg nimmt der Anteil aber langfristig ab; Endlagerungskosten bislang nicht im Strompreis enthalten!

Primärenergie	Vorteile	Nachteile	Einfluss auf den Strompreis
Mineralöl		Sehr hohe Importabhängigkeit CO_2-Emissionen Zu wertvoll zum Verbrennen	Eigentlich kaum Einfluss, da Anteil an Stromerzeugung unter 2 %; wird aber in jedem Fall teurer werden
Fotovoltaik	Emissionsfrei im Betrieb Hohe Potenziale in Deutschland Dezentrale Erzeugung	Derzeit noch sehr teuer Erst vergleichsweise kleine Kapazitäten realisiert Tages- und Jahreszeitabhängigkeit Erfordern (nicht vorhandene) Stromspeicher	Sehr gering, langfristig aber preiserhöhend
Steinkohle	Heimischer Energieträger, aber nicht wettbewerbsfähig KWK-geeignet	Hohe Importzahl, damit Abhängigkeit von anderen Ländern Hohe CO_2-Emissionen Eigentlich auch nur für Grundlast geeignet	Preisentwicklung international schwierig zu prognostizieren; erhöhter Anteil durch CO_2-Verminderungskosten sicher
Strom sparen (Nega-Watt)	Absolut keine Emissionen Kein Primärenergiebedarf	Technologische Lösungen zwar vorhanden, aber zu selten eingesetzt Verhalten schwierig zu ändern Wissen über Potenziale und Lösungen nicht weit verbreitet Erfordert bewusstes Verhalten	Einfluss ist eher so, dass der Preis pro kWh steigen wird, wenn viel gespart wird, weil die vorhandenen Fixkosten dann auf weniger Stromeinheiten umzulegen wären. Nicht aber die Verbrauchskosten!
Wasserkraft	Emissionsfrei im Betrieb Sowohl für die Grundlast wie für die Spitzenlast geeignet	Begrenzte Kapazitäten Kraftwerke nicht in unmittelbarer Nähe zu Verbrauchern	Beitrag eher konstant, keine Kostensteigerungen zu erwarten

Primärenergie	Vorteile	Nachteile	Einfluss auf den Strompreis
Wind	Emissionsfrei im Betrieb Im europäischen Verbund sogar für die Grundlast geeignet Dezentrale Energieerzeugung	Tages- und Jahreszeitabhängigkeit Hohe Bandbreite zwischen Spitzenwerten und Minimalwerten Erfordern (nicht vorhandene) Stromspeicher Geplante Offshore-Anlagen bedingen Netzerweiterungen und -ausbauten	Netzkosten werden steigen

2.2 Netzstruktur

Für uns alle ist die Stromversorgung ziemlich einfach, ähnlich wie beim Telefon. In unserer Wohnung, praktisch in jedem Zimmer, sind Steckdosen verteilt, die alle mehr oder weniger gleich aussehen, also genormt sind. Jedes Gerät passt in jede Steckdose, zum Teil mit einem Flachstecker ausgestattet, wenn eine Erdung nicht notwendig ist, weil keine Metallteile berührt werden können. Oder eben mit einem Schutzkontaktstecker (Schuko-Stecker), der die Erdungskontakte außen führt und eine dreiadrige Verbindungsleitung beinhaltet. Die Ausnahme bilden vielleicht der Elektroherd in der Küche oder andere Großstromverbraucher, die über Drehstromleitungen an das öffentliche Netz angeschlossen sind.

Und Zauberei: Kaum hat man das Gerät eingeschaltet, läuft es schon los; der Strom ist also sofort da. Früher sagte man scherzhaft, ich bin gegen Kernkraftwerke, weil unser Strom ja aus der Steckdose kommt. Aber es ist natürlich klar, dass das zu einfach und auch zu humoristisch gedacht ist. Wo kommt der Strom also her? Wie kommt er her?

Distanzierung von Reaktoren und Schloten

In Deutschland gibt es eine ganze Anzahl von Großkraftwerken, die aus verschiedenen Gründen nicht gleich um die Ecke stehen. Einen Kernreaktor möchte niemand im Garten haben, und ein Braunkohlekraftwerk mit rauchenden, CO_2-emittierenden Schloten ebenfalls nicht. Außerdem sollen die Primärenergierohstoffe, wie beispielsweise die Braunkohle, nur kurze Strecken transportiert werden. Windrotoren werden ja schließlich auch dort aufgestellt, wo der stärkste Wind bläst.

Folglich werden diese Großanlagen also in der Regel in ländlichen Gegenden aufgebaut und mit entsprechenden Versorgungsleitungen mit unserem Stromversorgungsnetz verbunden. Das muss aber optimiert werden, damit es nicht zu starken Verlusten beim Transport der elektrischen Energie kommt. Folglich beträgt die durchschnittliche Entfernung zwischen einem Kraftwerk und einem Verbraucher in Deutschland etwas weniger als 70 km.

Unsere öffentliche Elektrizitätsversorgung in Deutschland stützt sich zur Verbindung von Großkraftwerken mit uns Endverbrauchern auf ein mit Wechselspannung bzw. Wechselstrom betriebenes Leitungssystem, das insgesamt vier Spannungsebenen unterscheidet. Die Verluste auf den Leitungen sind umso geringer, je höher die Übertragungsspannung der Leitungen ist. Die einzelnen Spannungsebenen werden normalerweise durch eine elektrische Transformation aus der jeweils übergeordneten Spannungsebene mit elektrischer Energie versorgt. Diese Transformatoren bestehen im Prinzip aus zwei sehr großen magnetischen Spulen, die über ein starkes Magnetfeld gekoppelt sind, das durch den Strom aufgebaut wird, der in eine Spule einfließt.

Durch den Effekt der sogenannten magnetischen Induktion wird in der anderen Spule ebenfalls ein Strom induziert, der wiederum durch die beiden Größen Spulenspannung und Stromstärke charakterisiert ist. Je nach Windungszahl können Spannung und Strom entsprechend eingestellt werden, um letztendlich die Spannungshöhen zu erreichen, die wir für unsere Geräte daheim benötigen. Die Anlagen, in denen die »Spulenpaare« aufgestellt sind, nennt man Umspannanlagen. Diese arbeiten natürlich völlig emissionsfrei, wenn man von dem Brummen absieht, das bei den hohen Stromstärken in den Spulen entsteht.

Viermal Apollo-Mondflug im deutschen Leitungsnetz

Die vier angedeuteten Netzebenen sind im Einzelnen:

1. **Höchstspannungsleitungen mit Betriebsspannungen über 150.000 V**

   Höchstspannungsleitungen werden in Deutschland mit Spannungen von 380 **K**ilo**v**olt (kV) (also 380.000 Volt) oder 220 kV betrieben und übertragen den Strom von den Großkraftwerken zu den Umspannanlagen in der Nähe unserer Städte, wo wir Verbraucher leben bzw. industrielle Verbraucher angesiedelt sind. Diese Höchstspannungsleitungen sind daher für die überregionale Energieübertragung über große Entfernungen verantwortlich.

Wer sich ein bisschen in der Physik des Stroms auskennt, weiß, dass die Leistung auf einer Leitung vom Produkt aus Spannung und Stromstärke abhängt, was bedeutet, dass bei hoher Spannung und entsprechend niedrigerem Strom die gleiche elektrische Leistung (das ist gleich Energie pro Zeit) übertragen werden kann wie bei niedriger Spannung und entsprechend höherer Stromstärke. Allerdings kostet die Übertragung selbst auch Energie, die Leitung erwärmt sich, was nicht schön ist, weil es unsere Energiebilanz stört. Diese Verluste sind aber direkt abhängig von der Stromstärke, gehen also bei niedriger Stromstärke deutlich herunter. Daher die Umspannung.

Dieses Netz hat in Deutschland etwa eine Leitungslänge von 36.000 km und passt einmal rund um die Erde.

2. Hochspannungsleitungen mit Betriebsspannungen von 60.000 V bis 150.000 V

Die oben skizzierten Umspannwerke transformieren die Höchstspannung von 220 kV/380 kV auf 110 kV (110.000 Volt) herunter. Anschließend erfolgt der Transport über Hochspannungsleitungen zu den eigentlichen Verbrauchsschwerpunkten (Großindustrie, Umspannanlagen der Städte und damit Übergabe an Stadtwerke oder ländliche Gebiete). Diese Verbrauchsschwerpunkte haben einen Leistungsbedarf von 10 bis 100 MW (**M**ega**w**att, also Millionen Watt, denken Sie an Ihren Fön mit 2.000 Watt!). Diese zweite Ebene dient somit der regionalen Energieübertragung. Mit diesen Leitungen kann man eine Entfernung von ca. 75.000 km überbrücken.

3. Mittelspannungsleitungen mit Betriebsspannungen von 1.000 V bis 60.000 V

Wiederum werden zwischen der Netzebene 2 und der Netzebene 3 Umspannanlangen eingesetzt, die mit 110 kV gespeist werden und die die Spannung weiter auf 10.000 V oder 20.000 V herunter transformieren. Mittelspannungsleitungen innerhalb von Stadt- und Landbezirken besorgen dann den weiteren Transport und die schon weitflächigere Verteilung. Stadtgebiete werden üblicherweise über 10 kV-Leitungen versorgt, aus Verlustminimierungsgründen werden aber die Mittelspannungsleitungen in ländlichen Regionen aufgrund der größeren Entfernungen oft mit 20 kV betrieben.

Ausgerollt wäre das deutsche Mittelspannungsnetz etwa 493.000 km lang und reichte bis zum Mond und ein Drittel wieder zurück.

4. Niederspannungsleitungen mit Betriebsspannungen bis 1.000 V

Jetzt sind wir endlich dran. In unseren Ortsnetzstationen wird die Mittelspannung der Ebene 3 auf eine Niederspannung von 400/230 V transformiert, mit der die umliegenden Häuser und Gewerbebetriebe über Niederspannungsleitungen mit Strom versorgt werden. Es ist klar, dass das Verteilnetz in Summe am längsten ist, nämlich über 1,07 Millionen Kilometer, das ist fast dreimal die Strecke zum Mond.

Wie man sich leicht ausmalen kann, gibt es umso mehr Umspannanlagen eines Typs, je niedriger die »umzuspannende« Spannung ist. Die folgende Tabelle fasst die wichtigsten Kenngrößen unseres Versorgungsnetzes zusammen.

	Höchstspannung	**Hochspannung**	**Mittelspannung**	**Niederspannung**
Spannung	220-380 kV	60-150 kV	1-60 kV	220-1.000 V
Leitungslänge	36.000 km	75.000 km	493.000	1.067.100 km
Typische Erzeugeranlagen	Kraftwerke über 700 MW Kernkraftwerke Braunkohlekraftwerke	Kraftwerke bis 700 MW sehr große Industriekraftwerke	Kraftwerke bis 300 MW große Industriekraftwerke	Kraftwerke bis 10 MW Fotovoltaik Industriekraftwerke
Typische Verbraucher	keine	Großverbraucher (Industrie)	Mittellastverbraucher	Haushalte Gewerbe

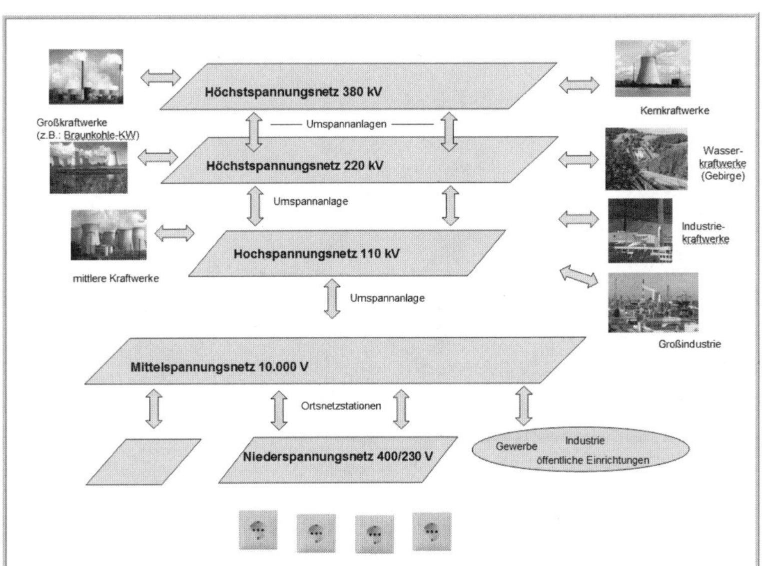

Bild 2.4 Netzhierarchie (Quelle: [RWE1991])

Die Verteilung unseres deutschen Höchstspannungsnetzes mit den Leitungstypen 380 kV und 220 kV ist in folgender Abbildung dargestellt. Nach Nordeuropa sind zur Vernetzung des nordeuropäischen Stromverbundes auch zwei **H**ochspannungs-**G**leichstrom-**Ü**bertragungsleitungen (HGÜ) vorhanden.

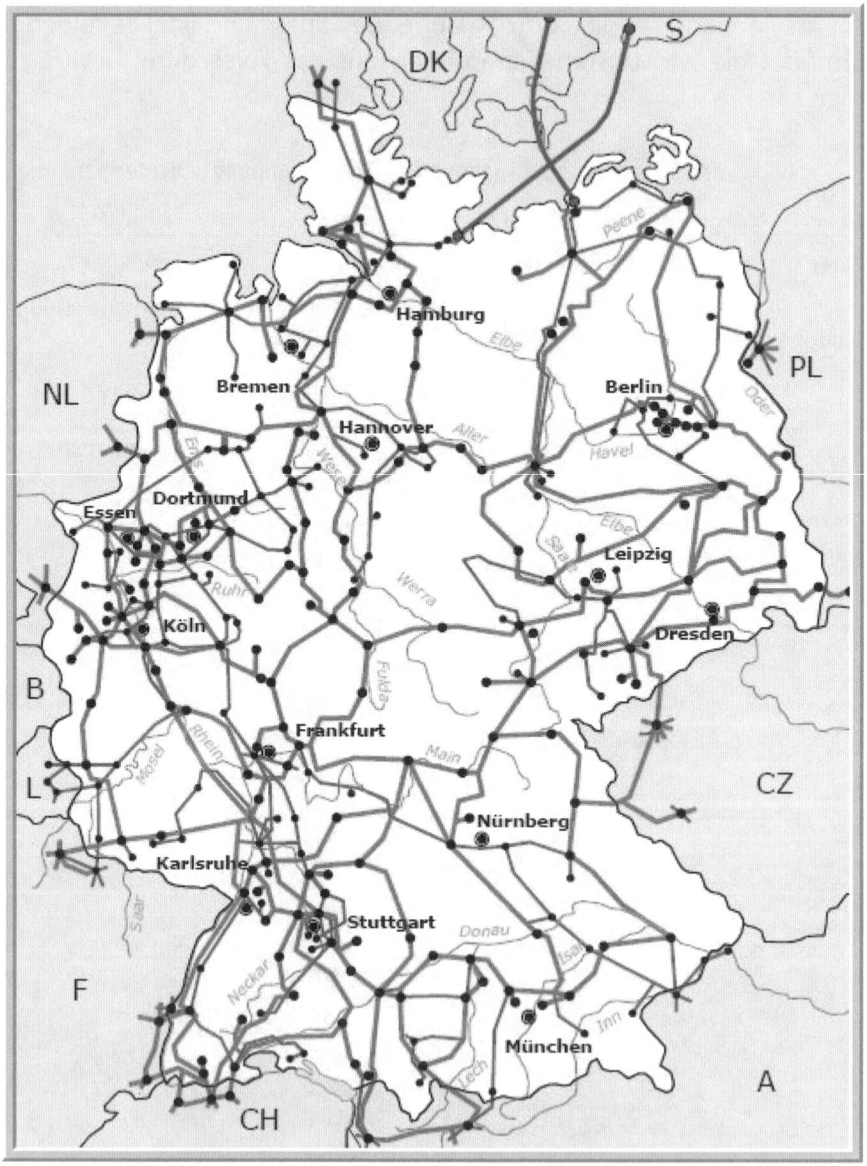

Bild 2.5 Das Höchstspannungsstromnetz in Deutschland (Quelle: *www.vdn-berlin.de*).

Um die Regelung zu vereinfachen, organisatorisch wie technisch, wurden vier Regelzonen eingerichtet, die von je einem der großen Höchstspannungsnetzbetreiber verantwortet und jeweils getrennt voneinander optimiert werden.

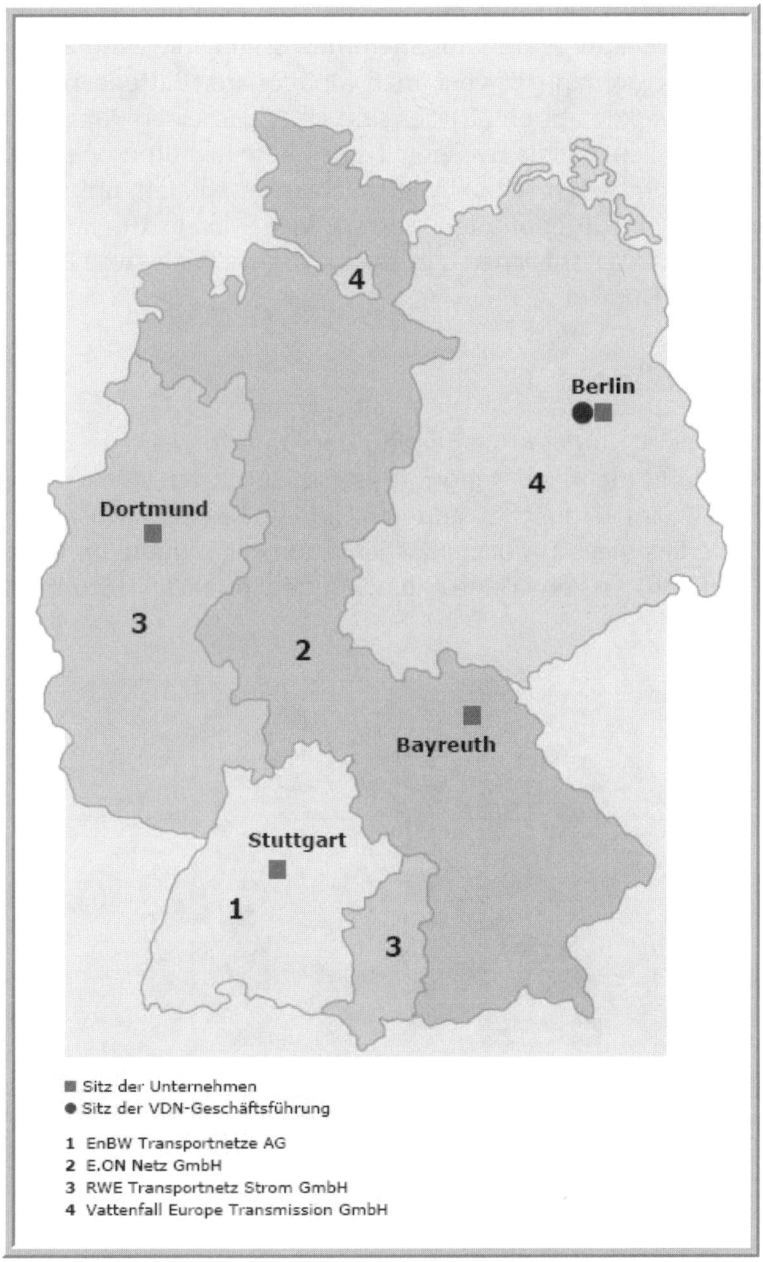

Bild 2.6 Regelzonen der deutschen Übertragungsnetzbetreiber (Quelle: VDN).

In diesen Regelzonen wird dafür Sorge getragen, dass immer genauso viel Strom in das Netz eingespeist wird wie von den Verbrauchern abgefordert wird. Es ist sicherlich allgemein bekannt, dass Strom sehr schwierig zu speichern ist. Bei Gas lässt sich einfach der Druck ein wenig erhöhen und schon bietet das Netz eine zumindest kleine Speicherkapazität. Diese reicht aber aus, um kurzfristige Bedarfsschwankungen (bis zu einem gewissen Limit) ausgleichen zu können. Dies geht bei Strom nicht, wenn man von größeren Batterieanlagen und den Speicherkraftwerken absieht. Dieses sind im Allgemeinen Pumpspeicherkraftwerke, die vor allem nachts Wasser auf einen Berg hinaufpumpen und es bei kurzfristigem Strombedarf schnell wieder ablassen können, um so die potenzielle Energie des hinaufgepumpten Wassers wieder in elektrische Energie umwandeln zu können. Desgleichen gibt es ein (von weltweit zwei) Druckluftspeicherkraftwerk in Huntorf.

Dreißig Minuten ohne

Das Netz in Deutschland wurde so aufgebaut, dass der notwendige Bedarf immer gedeckt wird und die Versorgung mit sehr hoher Zuverlässigkeit und Stabilität erfolgen kann. Im Vergleich zu anderen Ländern besteht nach wie vor eine sehr hohe Zuverlässigkeit in der deutschen Stromversorgung. Im Mittel muss man damit rechnen, dass etwa eine halbe Stunde pro Jahr kein Strom zur Verfügung steht.

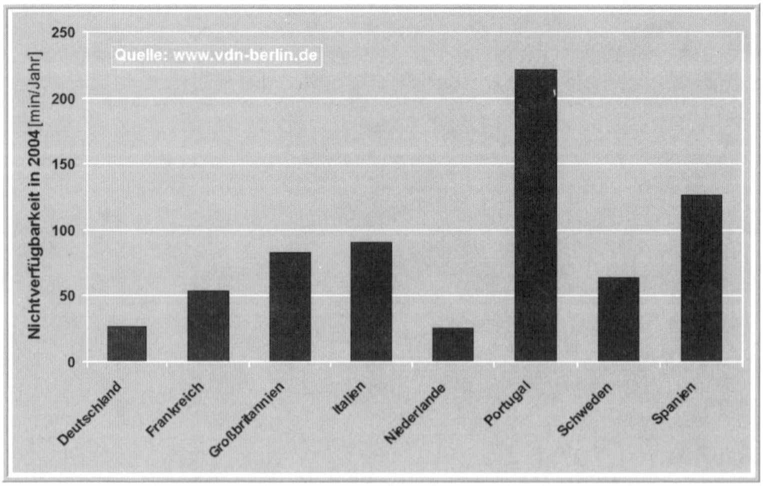

Bild 2.7 Netzverfügbarkeit ausgewählter Länder (alphabetisch) in 2004 (Quelle: *www.vdn-berlin.de*).

2.3 Unternehmensstrukturen

Bevor wir auf die Unternehmensstrukturen zu sprechen kommen, gestatten wir uns einen Blick auf die Wertschöpfungskette in der deutschen Stromwirtschaft (siehe folgende Abbildung). Es lassen sich vier Stufen der Wertschöpfungskette unterscheiden, einzelne Kettenglieder lassen sich technisch und organisatorisch trennen.

Erzeuger wandeln in Kraftwerken Energie aus Primärenergieträgern – durch Verbrennung (Kohle), Kernspaltung (Uran), mechanische Drehungen (Wasser, Wind), durch heißes Wasser (Geothermie) und mittels Generatoren oder durch direkte Umwandlung von Licht in die Bewegung von Elektronen – in elektrische Energie, also Strom, um.

Bild 2.8 Strukturbild: Wertschöpfungskette der Versorgung mit Strom.

Zur deutschen Strombranche zählen ca. 1.000 **E**nergie**v**ersorgungs**u**nternehmen (EVU), die im Jahr 2003 607,4 Terawattstunden (TWh) Strom erzeugt haben. 2006 waren es 635,8 TWh, was einer Steigerung von knapp 5 % in vier Jahren entspricht, das ist nicht viel.

1.000 Unternehmen, das klingt nach sehr viel und einem sehr dynamischen Markt. Leider sind die meisten dieser Unternehmen auch im deregulierten Markt in ihrem Gebiet fast noch alleine unterwegs.

Die nachstehende Tabelle stellt die zehn größten Energieversorgungsunternehmen dar: vier überregionale Unternehmen (RWE AG, E.ON Energie AG, EnBW AG und Vattenfall Europe AG), vier regionale Unternehmen (EWE AG, MVV Energie AG, GEW RheinEnergie AG und N-ERGIE AG) und zwei sehr große Stadtwerke (München und Hannover).

Die Zahlen beziehen sich auf 2003. Es gibt derzeit aktuelle Überlegungen bei einigen größeren Stadtwerken wie den MVV Energie AG in Mannheim, mit anderen Stadtwerken zu fusionieren, um weitere, potente nationale Energieversorger zu etablieren und so dem zunehmenden Wettbewerb zu begegnen.

Unternehmen	Standort	Stromabsatz [TWh]	Anteil am in Deutschland produzierten Strom
RWE AG	Essen	102,5	16,9 %
E.ON Energie AG	Düsseldorf	85,2	14,0 %
EnBW AG	Karlsruhe	64,0	10,5 %
Vattenfall Europe AG	Berlin	31,6	5,2 %
EWE AG	Oldenburg	11,0	1,8 %
MVV Energie AG	Mannheim	8,3	1,4 %
GEW RheinEnergie AG*	Köln	7,9	1,3 %
N-ERGIE AG	Nürnberg	5,1	0,8 %
Stadtwerke München mbH	München	5,0	0,8 %
Stadtwerke Hannover AG	Hannover	4,9	0,8 %

** GEW RheinEnergie AG mittlerweile ein Teil des RWE-Konzerns (RWE Rheinenergie AG)*

Aufgrund der Aufstellung und der Abdeckung in der Wertschöpfungskette der einzelnen Unternehmen lassen sich Verbundunternehmen, Unternehmen der regionalen und Unternehmen der lokalen Versorgung (Stadtwerke) unterscheiden.

Überregionale Stufe – Verbundunternehmen

Die Verbundunternehmen planen, betreiben und koordinieren jeweils überregional den Aufbau und Einsatz ihrer Kraftwerke und Höchstspannungsnetze, was in diesem Zusammenhang Verbund genannt wird. Damit sind sie auf allen Stufen der Wertschöpfung in der Stromwirtschaft tätig: Energieerzeugung,

Stromtransport, Stromlieferung an nachgelagerte Energieversorgungsunternehmen, aber auch an Endkonsumenten selbst, wenn auch zum Teil nur in einigen Gebieten.

Die Verbundunternehmen sind darüber hinaus als Betreiber der Höchstspannungsnetze auch für den Stromaustausch mit dem Ausland und die Verteilung/ Belieferung der regionalen und lokalen Versorgungsunternehmen verantwortlich. Einige Unternehmen haben sich außerdem in anderen Segmenten diversifiziert und betreiben zusätzlich die Gas- und/oder sogar die Fernwärmeversorgung.

Die vier überregionalen Verbundunternehmen sind: RWE AG, E.ON Energie AG, EnBW AG und Vattenfall Europe AG. In medialen Preisdiskussionen sind diese vier Unternehmen aufgrund ihrer Marktmacht immer an vorderster Stelle dabei (und in der Kritik).

Regionale Stufe – Regionale Versorgungsunternehmen

Die regionalen Versorgungsunternehmen geben den von den Kraftwerken der Verbundunternehmen oder in eigenen Kraftwerken erzeugten Strom an lokale Versorgungsunternehmen bzw. sogar an Endverbraucher weiter. Sie sind im »Verband der Verbundunternehmen und Regionalen Energieunternehmen – VRE e. V.« zusammengeschlossen, dem 31 Unternehmen angehören. Gewisse Fusionstendenzen lassen die Mitgliederzahl kontinuierlich schrumpfen.

Die unabhängigen regionalen Versorgungsunternehmen versorgen knapp zwei Drittel der Fläche von Deutschland mit knapp 36 Millionen Einwohnern (etwa 44 % der Gesamtbevölkerung) direkt und indirekt mit Strom. Den Rest decken die Tochterfirmen der Verbundunternehmen sowie Stadtwerke ab.

Die folgende Abbildung stellt die wichtigsten regionalen Versorgungsunternehmen alphabetisch dar (Stand September 2007). Insgesamt ist auch hier viel Bewegung im Spiel, sodass auch diese Unternehmens-Szene durch Fusionen, Übernahmen und Beteiligungen geprägt ist – ein üblicher Vorgang in einem Markt, der sich konsolidiert. Übrigens ist die Unterscheidung zwischen einem Stadtwerk und einem regionalen Versorger manchmal nicht ganz leicht und eindeutig.

Bundesland der Tätigkeit															Regionalversorger	Firmensitz	Beteiligung				Anteil
Baden-Württemberg	Bayern	Berlin	Brandenburg	Bremen	Hamburg	Hessen	Mecklenburg-Vorpommern	Niedersachsen	Nordrhein-Westfalen	Rheinland-Pfalz	Saarland	Sachsen	Sachsen-Anhalt	Thüringen			E.ON	RWE	Vattenfall	EnBW	in %
■															Elektrizitätswerk Mittelbaden AG & Co. KG	Lahr				■	34,74
									■						Emscher-Lippe Energie GmbH	Gelsenkirchen		■			79,00
■															EnBW Ostwürttemberg DonauRies AG	Karlsruhe				■	100,00
■															Energiedienst AG	Rheinfelden				■	75,97
						■				■					Energieversorgung Offenbach AG	Offenbach					
												■			ENSO Strom AG	Dresden				■	68,91
			■									■			envia Mitteldeutsche Energie AG	Chemnitz		■			63,95
								■					■		E.ON Avacon AG	Helmstedt	■				66,90
	■														E.ON Bayern AG	Regensburg	■				100,00
			■				■								E.ON e.dis AG	Fürstenwalde	■				74,20
					■										E.ON Hanse AG	Quickborn	■				73,80
						■		■	■					■	E.ON Mitte AG	Kassel	■				73,30
														■	E.ON Thüringen AG	Erfurt	■				76,80
								■	■						E.ON Westfalen Weser AG	Paderborn	■				62,80
			■				■		■						EWE Aktiengesellschaft	Oldenburg					
								■							Harz Energie GmbH & Co. KG	Osterode					
										■					Koblenzer Elektrizitäts- und Verkehrs AG	Koblenz		■			57,50
									■	■					Kreis Energie Versorgung Schleiden GmbH	Kall					
	■														Lechwerke AG	Augsburg		■			89,87
									■						Lister- und Lennekraftwerk GmbH	Olpe					
								■							LSW LandE-Stadtwerke Wolfsburg GmbH & Co. KG	Wolfsburg					
									■						Mark-E Aktiengesellschaft	Hagen		■			19,06
	■														N-ERGIE Aktiengesellschaft	Nürnberg					
									■						Niederrheinische Versorgung und Verkehr Aktienges.	Mönchengladbach					
■						■				■					MVV Energie AG	Mannheim				■	15,07
						■									Oberhessische Versorgungsbetriebe AG	Friedberg					
										■					OIE AG	Idar-Oberstein		■			53,00
										■					Pfalzwerke Aktiengesellschaft	Ludwigshafen		■			26,69
										■					Rheinenergie AG	Köln		■			20,00
									■						rhenag	Köln		■			74,90
									■	■					RWE Rhein-Ruhr AG	Essen		■			100,00
									■						RWE Westfalen-Weser-EMS AG	Dortmund		■			79,97
■						■			■						Süwag Energie AG	Frankfurt		■			77,58
								■							SVO Energie GmbH	Celle	■				64,00
						■									Überlandwerk Fulda Aktiengesellschaft	Fulda					
						■									Überlandwerd Groß-Gerau GmbH	Groß-Gerau					
		■			■										Vattenfall Europe AG	Berlin					
											■				VSE AG	Saarbrücken		■			69,33
							■								WEMAG AG	Schwerin			■		80,29
■															ZEAG Energie AG	Heilbronn				■	98,26

Bild 2.9 Übersicht über die Regionalversorger in Deutschland.

Kommunale Stufe – Stadtwerke

Die Verantwortung der ca. 900 lokalen bzw. kommunalen Versorgungsunternehmen in Deutschland ist eigentlich auf das kommunale Gebiet einzelner Städte oder Gemeinden beschränkt. Dort versorgen sie Haushalte und Industrie- bzw. Gewerbeunternehmen mit elektrischem Strom – oftmals auch innerhalb eines Querverbundes mit Gas, Fernwärme, Wasser und Verkehrsdienstleistungen (sogenannte Querverbundunternehmen). Der »Interessenverband der lokalen Versorgungsunternehmen **V**erband **k**ommunaler **U**nternehmen e. V.« (VKU) (Internet: *www.vku.de*) vertritt die Interessen der Lokalversorger gegenüber den anderen Unternehmen wie gegenüber der Landes- und Bundespolitik.

Neue Marktteilnehmer

Seit dem Beginn der Deregulierung, d. h. dem Aufbrechen der mehr oder weniger geschützten Versorgungsgebiete durch einen einzigen Lieferanten, sind eine Reihe von neuen Anbietern (Stromhändler, Vertragsvermittler) auf dem deutschen Markt aktiv, die zum Teil von etablierten Energieversorgungsunternehmen abgespalten wurden (z. B. YELLO von EnBW), zum Teil aus dem Ausland kommen (z. B. Nuon aus den Niederlanden), zum Teil aber auch völlig neu am Markt aufgetreten sind (z. B. LichtBlick in Hamburg). Diese neuen Firmen arbeiten entweder direkt in Richtung Stromkonsumenten, in Richtung der lokalen Energieversorger oder sogar in beide Richtungen.

Die verschiedenen Marktteilnehmer sind auf verschiedenen, z. T. mehreren Stufen der Wertschöpfungskette tätig.

Wertschöpfungsstufe		Verbund-unter-nehmen	Regional-versorger	große Stadt-werke	Stadt-werke	Lieferan-ten
Großkraft-werke	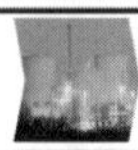	X				
Mittelkraft-werke		X	X	X		
dezentrale Kraftwerke	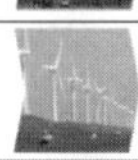		X	X	X	(X)
Hochspan-nungsnetz	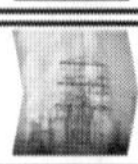	X				
Mittelspan-nungsnetz	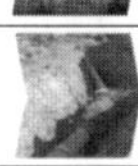	X	X	X	(X)	
Verteilnetz	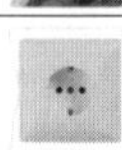	X	X	X	X	
Strom-lieferung		X	X	X	X	X

Bild 2.10 Wertschöpfungskette

Die Abbildung zeigt auf einer Deutschlandkarte die Positionierung der Energieversorgungsunternehmen, die in Kapitel 7 *Stromanbieter auf dem deutschen Markt* näher erläutert werden.

Bild 2.11 Wichtige Energieversorgungsunternehmen in Deutschland.

2.4 Entflechtung

Die hohe Investitionsquote ist eines der frappantesten Unterscheidungsmerkmale zwischen der sehr kapitalintensiven Stromwirtschaft und anderen Industriezweigen. Dies ist mit ein Grund dafür, dass bis 1998 in Deutschland in der Stromversorgung eher monopolistische Strukturen im Hinblick auf die Energieversorgung geherrscht haben und heute noch wenigstens oligopolistische Strukturen herrschen. Dadurch hat sich die im vorherigen Abschnitt skizzierte dreigliedrige Akteursstruktur mit vertikal integrierten Verbundunternehmen, Regionalversorgungsunternehmen und lokalen, kommunalen Unternehmen etabliert.

Diese Struktur wurde mit der im Jahr 1998 durch den Gesetzgeber initiierten Liberalisierung im Stromsektor aufgebrochen. Die großen Verbundunternehmen und einige weitere Versorgungsunternehmen waren angehalten, eigenständige Netzgesellschaften und zunehmend auch eigenständige Vertriebsgesellschaften zu bilden, um dadurch der durch das Energiewirtschaftsgesetz vorgeschriebenen rechtlichen Entflechtung gerecht zu werden (daneben gibt es noch eine operationelle Entflechtung, eine bzgl. der Verwendung von Informationen und eine in Bezug auf Rechnungslegung und interner Buchführung), wonach Netzbetrieb und Stromvertrieb rechtlich zu trennen waren, also in wenigstens gesellschaftsrechtlich unabhängige Unternehmen.

Dies ist allerdings bei den meisten kommunalen Unternehmen nicht durchgeführt worden, weil das EnWG zum einen für den Betreiber von Elektrizitätsverteilnetzen diese Entflechtung erst ab dem 1. Juli 2007 vorgeschrieben hat, und weil es zum anderen eine Kundenmindestgrenze von 100.000 vorsieht, unterhalb derer sich ein Energieversorgungsunternehmen derzeit noch nicht entflechten muss. Vermutlich wird diese Grenze aber in einer späteren Novellierung des Gesetzes entweder ganz fallen oder noch weiter nach unten gesetzt werden.

Im Prinzip gibt es deswegen noch ein gehöriges Diskriminierungspotenzial für neue Anbieter von Stromdienstleistungen bzw. Stromlieferungen, wenn der letzte Transporteur bis zum Endkunden mit einem zum gleichen Unternehmen gehörenden Stromlieferanten eng verbunden ist. Es liegt nahe zu vermuten, dass der Netzbetreiber dem eigenen Vertriebsunternehmen gewisse Bevorzugungen gestattet im Vergleich zu einem nicht verbundenen Lieferanten, der vertrieblich eine eigene Wertschöpfung erzielen möchte. Dies ist extern, also zum Beispiel von Verbrauchern, Verbraucherverbänden oder auch den Regulierungsbehörden kaum kontrollierbar.

Auch die Gefahr der Quersubventionierung kann nicht ausgeschlossen werden. Allerdings kann das für eine Kommune, die ja meistens Eigentümer eines kommunalen oder städtischen Energieversorgers ist, durchaus ein angemessener Vorteil im Sinne der in der Kommune lebenden Menschen sein, wenn die Einnahmen aus der Energieversorgung mit dazu verwendet werden können, beispielsweise den zu fördernden Nahverkehr mitzufinanzieren. Aber in einer reinen liberalen Wirtschaftslehre darf das natürlich nicht sein.

Dennoch schreibt auf Initiative der Europäischen Kommission mittlerweile auch das deutsche Energiewirtschaftsrecht eine strikte Entflechtung des Netzbetriebes von den Wettbewerbsbereichen Erzeugung und Vertrieb vor. Der Netzbetrieb kann volkswirtschaftlich sinnvollerweise nur von einem Unternehmen durchgeführt werden. Es macht absolut keinen Sinn, diese Infrastruktur in einer doppelten Ausfertigung in unseren Boden zu graben oder mittels Strommasten in die Landschaft zu stellen. Infolgedessen wird diese geforderte Entflechtung vor allem den unabhängigen (oder scheinbar unabhängigen) Lieferanten und Energiehändlern zugutekommen, die über kein eigenes Netz verfügen. Und damit letztendlich auch uns allen, weil ein intensivierter Wettbewerb sehr wahrscheinlich preisdrückend wirkt. Aber das heißt nicht, dass das Marktangebot dadurch übersichtlicher wird.

Die Regulierungsbehörden müssen allerdings dabei aufpassen, dass die Zuverlässigkeit der Infrastruktur nicht leidet, wie es bei der verpatzten Deregulierung der englischen Eisenbahnen passiert ist, wo zwar Wettbewerb eingeführt wurde, aber das notwendige Investieren in zuverlässige Gleisanlagen ein wenig auf der Strecke blieb: Infolgedessen blieben Strecken auf der Strecke.

Zum 1. Juli 2007 trat dann die vorhergehende Bundestarifordnung Elektrizität vom 18. Dezember 1989 außer Kraft, was durch das Energiewirtschaftsgesetz bestimmt wurde. Dadurch war es für Stromlieferanten nicht mehr nötig, sich die Gebührensätze für eine Stromlieferung an Haushalte durch Regulierungsbehörden genehmigen zu lassen. Die Reaktion war prompt: EVUs kündigten auf breiter Basis Preiserhöhungen an.

Die gesetzlich erzwungene Entflechtung vor allem der großen Verbundunternehmen hatte aber noch einen kleinen, aus heutiger Sicht unangenehmen Seiteneffekt. Die kapitalstarken Unternehmen haben es nämlich nicht unterlassen, in Anteile anderer zu entflechtender Unternehmen zu investieren. Dadurch sind relativ viele Querabhängigkeiten entstanden, die es sehr schwer machen, einen genauen Überblick zu wagen, wer wo was zu sagen hat. Ein Verbundunternehmen hält so Anteile (und Mitspracherechte bei den strategischen Entscheidungen, z. B. über eine Ausweitung des Vertriebsgebiets eines kommunalen Energieversorgers) bei Regionalversorgern und kommunalen Stadtwerken und durchaus auch umgekehrt. Allerdings liegt es nahe, dass kapitalstarke Unternehmen natürlich eine höhere Zahl an nennenswerten Beteiligungen besitzen, die wenigstens in den jährlichen Geschäftsberichten von Aktiengesellschaften dargestellt werden müssen.

So kann es natürlich passieren, dass gar kein richtiger Wettbewerb zwischen einzelnen Lieferanten entsteht, sondern nur ein Scheinwettbewerb. Wir machen in Kapitel 7 *Stromanbieter auf dem deutschen Markt* den Versuch, wichtige Beteiligungen bei wichtigen Marktteilnehmern konkret darzustellen.

Die Abbildung (siehe Seite *39*) skizziert die möglichen und recht üblichen Besitzbeziehungen: Verbundunternehmen haben sich oft Anteile von Lieferanten und Stadtwerken gekauft oder sogar eigenständige Vertriebsorganisationen gegründet (wie EnBW: Yello, E.ON: E WIE EINFACH und RWE: eprimo).

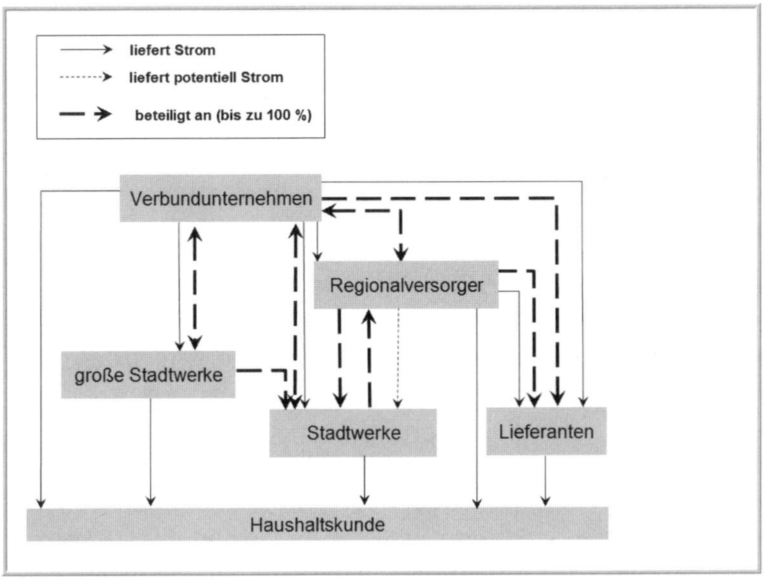

Bild 2.12 Beteiligungsbeziehungen in der deutschen Energiewirtschaft.

Daneben kaufen sich Verbundunternehmen zum Teil über dritte Unternehmen bei Regionalversorgern ein (EnBW bei MVV Energie AG, RWE bei RheinEnergie AG) usw. Es kann also passieren, dass drei unterschiedliche Lieferanten, die uns daheim mit Strom beliefern wollen und entsprechend werben, dem gleichen Besitzer gehören. Sind dann die Angebote noch wirklich unabhängig? Hier bleibt es jedem überlassen, die Augen ein bisschen offener zu halten und sich zu informieren. Das Kapitel 7 gibt dazu ein wenig Hilfestellung.

2.5 Grüner Strom

Vorne in diesem Kapitel haben wir die Primärenergieherkunft des Stroms in Deutschland skizziert. Es ist erfreulich, dass mittlerweile (2006) mehr als 11 % des Stroms durch regenerative Quellen hergestellt werden (2007 bereits vermutlich 14 %). Dieser Anteil wird weiter steigen, und zwar viel schneller als ursprünglich gedacht. So ist es sehr wahrscheinlich geworden, dass Deutschland im Jahr 2020 deutlich mehr als 20 % seines Stroms regenerativ herstellen wird.

Wie muss man sich das vorstellen? Grüner Strom auf der Leitung, kann jeder davon partizipieren? Kann man daheim ausschließlich grünen Strom beziehen? Wie kann man im Netz unterscheiden?

Fiktion Grüner Strom?

Jeder hat die Erfahrung: Steckt man daheim ein neues Gerät in die Steckdose und drückt anschließend den Schalter, dann läuft es sofort. Man muss nicht vorher in einer Zentrale anrufen, um mitzuteilen, dass man in zehn Minuten einen Toaster in Betrieb nehmen will. Es würde also niemals verwehrt werden. Das gilt allerdings nur für Leistungen unterhalb einer kritischen Schwelle.

Folglich muss ja immer genauso viel Strom ins Netz eingespeist werden, wie jederzeit herausgezogen wird. Das Netz kann nämlich keine Energie speichern, sondern nur transportieren. Kann dann wenigstens genau der Strom des Windkraftwerks auf dem Münchner Müllberg, das jeder, der auf der Autobahn nach München oder um München herum Richtung Salzburg gefahren ist, schon einmal gesehen hat, genau in meine Steckdosen gelenkt werden? Wir können die Antwort schon vorneweg nehmen: nein! Jeder in Deutschland erhält den gleichen Strommix in Bezug auf die Erzeugung, wie er in der Abbildung auf Seite 19 dargestellt ist. Macht es dann also überhaupt Sinn, grünen Strom einzukaufen?

Stellen Sie sich vor, unser Stromnetz entspräche dem Bodensee, wir haben den Bodensee ja schon einmal zum Vergleich herangezogen. Folgende Flüsse speisen neben vielen kleinen Bachläufen ihr Wasser in den Bodensee: Rhein, Schussen, Argen.

Jetzt schließen Sie einen Vertrag mit einer Quelle im Oberlauf der Schussen, sie entnehmen aber das Wasser aus dem Bodensee. Ihr Lieferant darf so viel Wasser in den Bodensee einleiten, wie Sie entnehmen wollen. Allerdings können Sie den individuellen Wasserteilchen nicht mehr ihre Herkunft aus der Schussen ansehen. Eine eindeutige Identifikation ist nicht mehr möglich, Wasser ist gleich Wasser.

Strom ist gleich Strom

Hat also ein individueller Vertrag mit einem Wasserlieferanten aus dem Oberlauf des Rheins dann überhaupt einen Sinn? Stellen wir uns vor, jeder von uns würde nur solche Verträge abschließen. Die anderen Wasserproduzenten würden dann keinen einzigen Kunden mehr haben und müssten ihre Wasserquellen abdrehen. Genau das ist das Ziel bei der mittel- bis langfristigen Umstellung unserer Energieversorgung auf eine nachhaltige Architektur. Soweit also das Pendant des Stroms im Netz als Wassersee, in den viele einspeisen und aus dem viele entnehmen.

Der Gesetzgeber fördert übrigens besondere »Wasserquellen« mit einer garantierten Vergütung für jede erzeugte »Wassereinheit«. Diese Vergütung wird in letzter Instanz von uns allen aufgebracht, auch von denen, die keinen Grünstrom beziehen.

Tritt also jetzt ein grüner Stromanbieter auf, dann verkauft er erstmal den Strom aus regenerativen Energieerzeugungsanlagen. Diese können eigentlich nach dem **E**rneuerbare–**E**nergien-**G**esetz (EEG) gefördert werden. Diese Förderung hängt in ihrer Höhe von der Art der erneuerbaren Energie ab (Wasserkraft, Biomasse, Windenergie, Fotovoltaik, auch Grubengas und Deponiegas) und vom Zeitpunkt des Betriebsbeginns der Anlage.

Anlagen, die 2007 in Betrieb gegangen sind, erhalten die folgenden garantierten Vergütungen:

Quelle	**Beispielhafte Anlage**	**Vergütung pro kWh (Cent/kWh)**
Wasserkraft	Wasserkraftwerk in einem kleinen Fluss mit einer elektrischen Leistung von 400 Kilowatt	9,38
Biomasse	Bioanlage auf einem Bauernhof mit einer elektrischen Leistung von 150 Kilowatt; Verwertung von Pflanzen, die keiner weiteren Nutzung unterzogen wurden	16,99
Geothermie	5 Megawatt-Kraftwerk in einer kleinen Gemeinde bei München	15,00
Windkraft	2 Megawatt-Windturbine auf einem Berg in der Nähe des Harzes	8,19
Sonne	20 Kilowatt-Fotovoltaikanlage auf einem Gewerbehof in Südbayern	47,67

Diese Werte müssen natürlich im Vergleich zu den Erzeugungskosten konventioneller und häufig schon komplett abgeschriebener Kraftwerke gesehen werden, die im Mittel etwa 4,6 Cent pro kWh ausmachen. Die Vergütungssätze reduzieren sich für Neuanlagen jedes Jahr um festgeschriebene Prozentsätze. Laufende Anlagen erhalten die einmal garantierte Vergütung für eine definierte Zeitspanne (z. B. bei Fotovoltaikanlagen für 20 Kalenderjahre zuzüglich des Inbetriebnahmejahres, für kleinere Wasserkraftanlagen sogar für 30 Kalenderjahre zuzüglich des Inbetriebnahmejahres).

Die Vergütungen nach EEG werden übrigens vom Betreiber des Netzes an den Erzeuger gezahlt, an dessen Netz die Erzeugungsanlage angeschlossen ist. In einem Belastungsausgleich werden dann diese garantierten Abnahmekosten auf alle Netzbetreiber und letztendlich auf uns Stromkunden umgewälzt. Das sind dann diese berühmten 3 % unseres Strompreises, den jeder von uns zur Umstellung unseres Stromerzeugungsparks auf erneuerbare Energien jährlich bezahlt. Durch die Abgaben nach EEG wird derzeit jede Kilowattstunde mit etwa 0,8 Cent belastet. Im Schnitt machte das pro Haushalt für 2006 Mehrkosten von etwa 30 Euro aus, ein grüner Kinobesuchzu dritt also.

Ein Grünstromanbieter kann sich aus diesen Quellen dadurch bedienen, dass er den Erzeugern einen höheren Abnahmepreis als den durch das EEG garantierten Vergütungsbetrag bietet. Bei einigen der erneuerbaren Energien tut er sich natürlich damit schwer, da er kaum die garantierten Zahlungen überbieten kann. Daher tritt auch kaum Fotovoltaikstrom oder Windstrom im Strommix von Grünstromanbietern auf.

Die Ökostrom-Erzeugung ist derzeit in Deutschland weit höher als die direkte Nachfrage nach Ökostrom: Die vier größten reinen Ökostromanbieter (LichtBlick, Greenpeace energy, NaturEnergie, Elektrizitätswerke Schönau) haben zusammen noch unter einer Million Kunden und liegen damit unter drei Prozent Kundenanteil (bei 40 Millionen Haushalte, die etwa 20 % des Gesamtstroms in Deutschland verbrauchen) und unter 0,6 % Stromverbrauchsanteil. Deshalb können die bestehenden Kraftwerke die derzeitige Ökostromnachfrage problemlos decken, ohne dass zusätzlich neue Kraftwerke entstehen müssen. Der Bezug von Grünstrom führt also eigentlich lediglich dazu, dass der normale Strom eines Energielieferanten im Bundesdurchschnitt rechnerisch weniger »grün« ist, da die ökologisch erzeugte Strommenge bereits extra an die »grünen« Verbraucher verkauft wurde. Folglich wird durch die Lieferung von Ökostrom zum Verbrauchszeitpunkt kein zusätzlicher Ökostrom hergestellt.

Grün ist Grün ist Nicht-Grün

Anders sieht das bei KWK-Strom aus, der nach dem KWK-Gesetz ebenfalls garantiert vergütet wird, allerdings nicht so hoch wie regenerativ erzeugter Strom nach dem EEG. Hier kann der grüne Lieferant einen höheren Einkaufspreis bieten und der KWK-Stromerzeuger wird sicherlich gerne verkaufen. KWK-Strom wurde zwar höchst effizient erzeugt, ist aber eigentlich nicht grün, weil in der Regel fossile Primärenergieträger für die Erzeugung verwendet werden.

Infolgedessen gibt es also grüne Stromanbieter, die ihren Strom aus regenerativen Anlagen oder KWK-Anlagen im Inland wie Ausland zukaufen, aber nicht weiter in neue regenerative Anlagen investieren. Daher würde sich durch den Bezug von Strom dieser Lieferanten unser Stromerzeugungspark nicht ändern.

Folglich bleibt der Stromsee gleich schmutzig wie bisher. Es wird im Prinzip nur ein Lieferant mehr mit einem Zusatzeinkommen versorgt.

Das ist natürlich nicht ganz so schwarz-weiß. KWK-Anlagenbetreiber können sich aufgrund der Grünstromnachfrage schon überlegen, ob sie ihre Anlagen nicht noch ausbauen oder besser auslasten, wenn eine mehr als kostendeckende Nachfrage da ist. Und KWK-Strom sollte ebenfalls von uns allen gefördert werden.

Die neue Generation Strom

Noch anders sind die Grünstromanbieter zu werten, die selbst in regenerative Erzeugungsanlagen investieren. Dafür wird meist ein Extra-Aufschlag auf den Strompreis verlangt, der aber sicherstellt, dass dieses Geld dann auch wirklich in neue Anlagen investiert wird. Bei der Auswahl eines Grünstromanbieters muss man sich folglich auch die gesamte Geschäftspolitik ansehen, will man wirklich nicht nur sein Gewissen reinigen, sondern auch unseren Stromsee. Wir geben in Kapitel 7.5 *Grüner Strom* dazu einige Hinweise.

Ach ja, dann gibt es natürlich auch noch Grünstromtarife von den etablierten Lieferanten, z. B. Ihrem eigenen Stadtwerk. Hier gilt es generell, ein wenig Obacht zu geben. Es ist erfreulich, wenn das lokale Stadtwerk den Ausbau regenerativer Energien im eigenen Stadtgebiet durch Investitionszuschüsse fördert, meistens für Solaranlagen der Fotovoltaik. Diese werden aber, wie oben auch schon diskutiert, mit einer garantierten Stromabnahme und einem für 20 Jahre garantierten Abnahmepreis sowieso schon gefördert.

Zweitens muss man sich wirklich vergewissern, dass diese Mehreinnahmen aus dem grünen Strom wirklich als Investitionszuschüsse zu solchen Förderungen verwendet werden. Große Verbundunternehmen garantieren in der Regel nicht, dass die Gewinne aus ihrem Grünstromverkauf ausschließlich in regenerative Energieerzeugungsanlagen investiert werden. Das dürfen sie in der Regel auch gar nicht, um nicht die Eigentümerinteressen nach hohen Renditen zu gefährden. Leider sind oftmals große Energieversorger an lokalen Stadtwerken finanziell beteiligt. Die ganzen Beteilungen hin und her sind alles andere als übersichtlich und transparent.

Und am Ende hängt es natürlich von den Mehrheitsverhältnissen ab, wie Überschüsse wirklich verwendet werden. Die Verwendung korrespondiert natürlich mit den eigenen Zielen der Eigentümer, die nach der derzeitigen Erfahrung nicht unbedingt in einen schnellen Umbau (von fossil/nuklear zu regenerativ, von zentral zu dezentral) zu einer nachhaltigen Energieversorgung streben.

Bleibt für solche Anbieter also nur das Ziel, wechselwillige, grün orientierte Kunden selbst zu binden und nicht an einen Konkurrenten zu verlieren. Natürlich kann auch eine Kundenbindungsmaßnahme indirekt dazu führen, dass doch mittelfristig verstärkt regenerative Energiequellen dezentral ausgebaut werden. Dennoch: Für ökologisch eingestellte Verbraucher ist es wichtig zu wissen, dass nur regenerativ Energie erzeugende Neuanlagen ein Wachstum des ökologisch gewonnenen Stroms garantieren. Die Nutzung von existierenden Altanlagen für ein Ökostromangebot bewirkt nur eine Umverteilung der Mehrkosten bei der ökologischen Erzeugung von Strom auf umweltbewusst eingestellte Kunden. So muss ökologischer Strom durch Neuanlagen garantiert werden, um eine prozentuale Steigerung von Ökostrom im Netz zu erreichen. Das wird auch bei den Energielabeln teilweise zugrunde gelegt.

Labeln statt Labern

Wie wird aber jetzt der Verbraucher mündig? Dazu sind mittlerweile einige Qualitätslabel definiert und vergeben worden, die unserer Orientierung dienen sollen. Allerdings gibt es nicht nur eins, sondern gleich fünf, nein, gleich zwei plus eins plus vier plus zwei plus eins, also zehn. Ooops, hilft uns das?

Um welche handelt es sich im Einzelnen? Schauen wir sie uns einmal an.

Grüner Strom-Label

Internet: *www.gruenerstromlabel.de*

Durch eine Initiative von EUROSOLAR mit der Einbindung der beiden mitgliederstärksten deutschen Umweltverbände, **Na**turschutz**bu**nd Deutschland – NABU – und **B**und für **U**mwelt und **N**aturschutz **D**eutschland – BUND – und mit dem erklärten Ziel, den entstehenden grünen Strommarkt transparenter zu machen und vertrauenswürdige Stromanbieter mit einem Qualitätssiegel zu zertifizieren, wurde der Verein »Grüner Strom Label e. V« am 8. Dezember 1998 gegründet.

Bild 2.13 Grüner Strom Label Gold.

Gründungsmitglieder sind: EUROSOLAR, BUND, NABU, DNR, Bund der Energieverbraucher, Naturwissenschaftler Initiative »Verantwortung für den Frieden«, IPPNW und »Die Verbraucher Initiative«. Das Zentrum für Sonnenenergie- und Wasserstoff-Forschung (ZSW) in Stuttgart wurde mit der Zertifizierung beauftragt. Die Vergabe des Labels erfolgt aufgrund der Prüfungsergebnisse des beauftragten Instituts durch den Vorstand des gegründeten Vereins »Grüner Strom Label e. V.«.

Von dem Verein werden zwei Labels vergeben:

1. **Goldenes Label** für Strom, der zu 100 % aus erneuerbaren Energien (Wind, Wasserkraftanlagen bis 10 MW, Biomasse, Geothermie und Sonnenenergie) gewonnen wird.
2. **Silbernes Label** für Strom, der zu mindestens 50 % aus erneuerbaren Energien (Wind, Wasser, Biomasse, Geothermie und Sonnenenergie) besteht sowie einem Rest aus Kraft-Wärme-Kopplungs-Anlagen, die mindestens einen Jahresnutzungsgrad von 70 % ausweisen und deren Strom nicht aus Atomenergie oder Braunkohle erzeugt wird.

Weitere Regularien sind: Der Stromlieferant muss jährlich eine Strommenge entsprechend 10 % des im Vorjahr verkauften Ökostroms aus regenerativ Energie erzeugenden Neuanlagen beziehen. Strom aus großen Wasserkraftwerken über 10 MW und aus der Müllverbrennung kann nicht zertifiziert werden. Darüber hinaus sollen die Stromlieferanten keine Gründungen von Stromversorgern sein, die Atomkraftwerke betreiben. Importstrom, also Strom, der von Erzeugern in anderen europäischen Ländern importiert wird, wird dann als grüner Strom anerkannt, wenn er von vertrauenswürdigen Organisationen, speziell ausländischen Umweltverbänden, zertifiziert wurde. Die Stromanbieter sind außerdem verpflichtet, ihre Kunden über Stromeinsparmöglichkeiten aufzuklären. Das Label wird in der Regel für zwei Jahre vergeben und es wird jährlich geprüft, ob die bestehenden Verpflichtungen eingehalten wurden.

Wichtig ist also, dass der Anbieter, den das »Grüner Strom-Label« auszeichnet, zum weiteren Ausbau der regenerativen Energieerzeugung aktiv beiträgt. Und damit auch alle seine Kunden.

ok Power-Zertifikat

Internet: *www.okpower.de*

Dieses Zertifikat ist aus einer Zusammenarbeit zwischen dem Öko-Institut e. V. Freiburg (*www.oeko.de*), der Umweltstiftung **W**orld **W**ide **F**und For Nature (WWF) Deutschland (*www.wwf.de*) und der Verbraucherzentrale Nordrhein-Westfalen e. V. (*www.vz-nrw.de*) entstanden. Diese gründeten 2000 den Verein EnergieVision e. V, der das Label »ok power« vergibt.

Grüner Strom zertifiziert durch

Öko-Institut e.V.
Umweltstiftung WWF Deutschland
Verbraucherzentrale NRW e.V.

Bild 2.14 ok Power Zertifikat.

Im Mittelpunkt der Vergabekriterien dieses Gütesiegels steht die Garantie, dass die mit dem Gütesiegel ausgestatteten Produkte zu einem zusätzlichen Umweltnutzen führen. Ein zusätzlicher Umweltnutzen kann dann nachgewiesen werden, wenn die Marktnachfrage nach einem Ökostromprodukt zu einer Ausweitung der Stromerzeugung aus erneuerbaren Energien führt, die über die Strommenge hinausgeht, die aufgrund öffentlicher Fördermaßnahmen ohnehin erzeugt wird.

Dieses ist dadurch sicherzustellen, dass der Ökostromanbieter sich verpflichtet und nachweist, den Neubau von Kraftwerken auf der Basis erneuerbarer Energien oder effizienter gasbetriebener Kraft-Wärme-Kopplung nach quantifizierten Mindestbedingungen zu fördern.

Das Gütesiegel kann für zwei Kategorien von Ökostrom-Produkten verliehen werden (nach EnergieVision e. V.):

- **Händlermodell**
  Der Ökostromanbieter erzeugt selbst Strom aus erneuerbaren Energien oder kauft diesen vom Erzeuger auf und leitet ihn durch das Stromverteilnetz zu den Kunden durch. Ausschlaggebend ist hierbei nicht der physikalische Stromfluss, sondern die vertragliche Lieferung von regenerativ erzeugtem Strom. Der Umweltnutzen entsteht durch die Eigenschaften des gelieferten Stroms. Ein zusätzlicher Umweltnutzen entsteht hierbei z. B. durch den Bezug von Strom aus Anlagen, die nicht vom Anlagenkatalog des **E**rneuerbare-**E**nergien-**G**esetz (EEG) erfasst werden (z. B. Zufeuerung von Biomasse in einem Kraftwerk für fossile Brennstoffe, Import von regenerativ erzeugtem Strom aus Ländern, in denen keine dem EEG vergleichbare Förderung besteht).

  Im Falle, dass zur Stromerzeugung neben erneuerbaren Energien auch fossil befeuerte Kraft-Wärme-Kopplung (KWK) eingesetzt wird, darf der Anteil des Stroms aus fossiler KWK am gesamten Produktportfolio nicht höher als 50 % liegen.

- **Fondsmodell**
  Der Ökostromanbieter liefert dem Kunden vertraglich Strom, der nachweislich aus regenerativen Energiequellen stammt (Lieferanteil des Fondsmodells). Um den geforderten Umweltnutzen nachzuweisen, muss ein Teil des Strompreises (Förderbetrag) für die finanzielle Förderung von Erzeugungsanlagen verwendet werden, die ihren Strom nach EEG ins Netz einspeisen, bei denen die vom Netzbetreiber gezahlte Vergütung jedoch nicht zu einer Wirtschaftlichkeit führt.

  Der Umweltgewinn entsteht hier durch die Verwendung des Förderbetrags für den Ausbau von regenerativ erzeugtem Strom. Grundlage für die Bestimmung des Umweltnutzens ist die Höhe des Förderbetrags, der pro verkaufter Kilowattstunde Ökostrom für die Förderung von regenerativ erzeugtem Strom eingesetzt wird.

TÜV-Zertifikat

Internet: *www.energie-zertifizierung.de*

Das TÜV-Zertifikat (insgesamt gibt es vier davon) wird an Anbieter von Strom aus erneuerbaren Energiequellen verliehen, sofern diese bestimmte Vergabekriterien erfüllen.

Label TÜV EE01 (Strom aus Erneuerbaren Energien) kennzeichnet Strom, der aus erneuerbaren Energien gewonnen wird und dessen Anbieter den Ausbau regenerativer Energie fördern. Zertifizierungskriterien:

- Strom zu 100 % aus erneuerbaren Energien: Wasserkraft (Speicherkraftwerke unter Abzug der Pumpleistung), Windenergie, Biomasse (im Sinne der Biomasseverordnung), Biogas, Deponiegas, Grubengas, Solarenergie, Geothermie. Grubengas wird in Deutschland nach EEG als erneuerbare Energiequelle akzeptiert.
- Kapazitätsausbau: 25 % des Stroms aus Anlagen nicht älter als drei Jahre.
- Aufschlag auf den Preis des Ökostromprodukts zur Förderung erneuerbarer Energien.
- Herkunft des Stroms nachweisbar.

Label TÜV EE02 (Strom aus erneuerbaren Energien) kennzeichnet Strom, der aus Wasserkraft gewonnen wird und dessen Anbieter den Ausbau regenerativer Energie fördern. Zertifizierungskriterien:

- Strom zu 100 % aus Wasserkraft (Speicherkraftwerke unter Abzug der Pumpleistung).
- Aufschlag auf den Preis des Ökostromprodukts zur Förderung erneuerbarer Energien.
- Herkunft des Stroms nachweisbar.

Label TÜV UE01 (Strom aus erneuerbaren Energien und Kraft-Wärme-Kopplung) kennzeichnet Strom, der aus einem Strommix aus erneuerbaren Energien und Kraft-Wärme-Kopplung (KWK) gewonnen wird und dessen Anbieter den Ausbau regenerativer Energie fördern. Zertifizierungskriterien:

- Strom zu mind. 50 % aus erneuerbaren Energien: Wasserkraft (Speicherkraftwerke unter Abzug der Pumpleistung), Windenergie, Biomasse, Biogas, Deponiegas, Grubengas, Solarenergie, Geothermie und zu max. 50 % aus KWK-Anlagen mit fossiler Befeuerung.
- Jahresnutzungsgrad der KWK-Anlagen mind. 70 %.
- Kapazitätsausbau: 25 % des Stroms aus Anlagen nicht älter als drei Jahre.
- Aufschlag auf den Preis des Ökostromprodukts zur Förderung erneuerbarer Energien.
- Herkunft des Stroms nachweisbar.

Label TÜV UE02 (Strom aus erneuerbaren Energien und Kraft-Wärme-Kopplung) kennzeichnet Strom, der aus erneuerbaren Energien und Kraft-Wärme-Kopplung (KWK) gewonnen wird und dessen Anbieter den Ausbau regenerativer Energie fördern. Zertifizierungskriterien:

- Strom zu mind. 50 % aus erneuerbaren Energien: Wasserkraft (Speicherkraftwerke unter Abzug der Pumpleistung), Windenergie, Biomasse (im Sinne der Biomasseverordnung), Biogas, Deponiegas, Grubengas, Solarenergie, Geothermie und zu max. 50 % aus KWK-Anlagen mit fossiler Befeuerung.
- Jahresnutzungsgrad der KWK-Anlagen mind. 70 %.
- Aufschlag auf den Preis des Ökostromprodukts zur Förderung erneuerbarer Energien.
- Herkunft des Stroms nachweisbar.

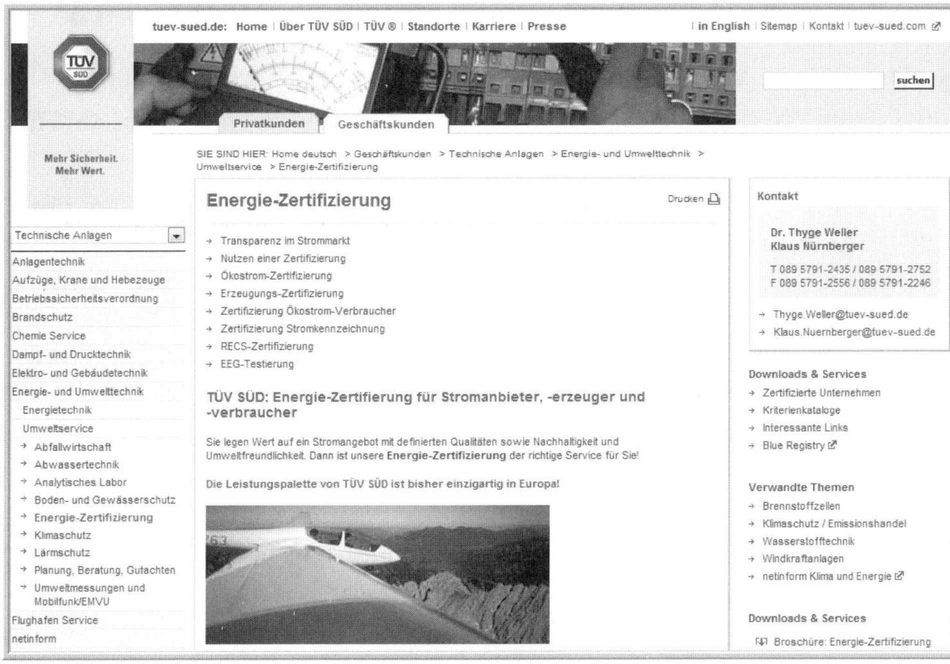

Bild 2.15 Weiterführende Infos über die Energie-Zertifizierung finden Sie hier (*www.energie-zertifizierung.de*).

Für alle vier Zertifikate gilt also, dass der im Rahmen des Ökostromprodukts bereitgestellte Strom auf eindeutig beschriebene und identifizierbare Quellen zurückgeführt werden kann. Der Weg des erzeugten Stroms vom Erzeuger bis zum Kunden wird dabei lückenlos geprüft. Das zertifizierte Unternehmen hat sicherzustellen, dass Aufschläge des Ökostromprodukts gegenüber einem vergleichbaren Standardtarif nicht zur weiteren Erhöhung der Einnahmen verwendet werden, sondern dass die Mehreinnahmen der Förderung erneuerbarer Energien, insbesondere dem Neubau regenerativer Anlagen, zugutekommen.

Nach Vergabe des Zertifikats wird jährlich geprüft, ob die bestehenden Verpflichtungen erfüllt wurden. Der Kunde muss regelmäßig und korrekt über das zertifizierte Ökostromprodukt informiert werden.

Die Vielzahl der TÜV-Kriterien deutet schon wieder ein bisschen die deutsche Regulierungsfantasie an, was letztendlich die Einnahmen für die Zertifizierungsstelle erhöht, aber nicht unbedingt zur Verständlichkeit und leichten Orientierung beiträgt. Die vier Label sind auch ziemlich ähnlich und unterscheiden sich nur in der Nummerierung.

Ökostromzertifikat der Landesgewerbeanstalt Bayern

Internet: auf der Webseite der Landesgewerbeanstalt *www.lga.de* findet sich leider keine weitere Detailinformation zum Zertifikat, mehr aber unter: *www.verivox.de/power/Oekostrom_Zertifikate.asp?ID=3.*

Bayern verfolgt, wie so oft, einen kleinen Sonderweg. Die **L**andes**g**ewerbe**a**n-stalt (LGA) in Bayern hat nämlich zwei eigene Gütesiegel für grünen Strom geschaffen. Nach Abschluss eines Überwachungsvertrags überprüfen die Sachverständigen der LGA, ob der angebotene Ökostrom entweder aus regenerativen Quellen wie Windkraft, Wasserkraft, Biogas, Sonnenenergie, Geothermie (Ökostrom, regenerativ) oder aus der effektiven Kraft-Wärme-Kopplung (Ökostrom, effektiv) stammt und sich so gegenüber den konventionellen Energiequellen aus ökologischer Sicht deutlich hervorhebt.

Weiterhin müssen die zertifizierten Betriebe erkennen lassen, dass entsprechend der Nachfrage ein Ausbau der Versorgung mit Ökostrom vorgesehen wird.

Das Ökostromgütezeichen wird in zwei Ausführungen vergeben:

1. **Ökostrom (regenerativ)** kennzeichnet die Stromerzeugung aus erneuerbaren Energien. Außerdem werden eine Investition in Neuanlagen auf Basis einer Marktprognose sowie der Nachweis einer ausreichenden Versorgungssicherheit gefordert.

2. **Ökostrom (effektiv)** kennzeichnet eine Stromerzeugung, wenn sie mindestens zu 25 % aus regenerativen Energiequellen stammt, die restliche Strommenge muss mittels Kraft-Wärme-Kopplung erzeugt werden. Auch hier wird verlangt, dass ein Zubau von Anlagen auf Basis einer Marktprognose erfolgt.

Dieses Label spielt nur in Bayern eine Rolle und wurde bislang auch nur an wenige Stromanbieter vergeben, die damit werben.

RECS-Zertifikat

Internet: *www.recs-deutschland.de*

Dieses Zertifikat ist heute bereits in 15 europäischen Ländern eingeführt und soll dazu dienen, den grenzübergreifenden Handel mit Strom aus erneuerbaren Energiequellen auszuweiten. Dies soll so funktionieren, dass bei der Erzeugung von Strom aus regenerativen Energiequellen auch Zertifikate erzeugt werden, die gehandelt werden können. Dazu wurde ein spezielles Zertifizierungssystem aufgebaut: **E**uropean **E**nergy **C**ertificate **S**ystem (EECS).

Im EECS muss der Erzeuger seine Anlagen zunächst registrieren lassen. Nachdem eine unabhängige Instanz (der sogenannte Issuing Body) bestätigt hat, dass es sich um eine regenerative Anlage handelt, wird für jede eingespeiste Megawattstunde Grünstrom ein Herkunftsnachweis ausgestellt und auf dem EECS-Konto des Herstellers gutgeschrieben. Die Herkunftsnachweise können dann vom Erzeuger an andere Marktteilnehmer innerhalb des EECS transferiert werden.

Ein Herkunftsnachweis enthält die folgenden Informationen:

- EECS-weit eindeutige Seriennummer.
- Art der Energiequelle.
- Art der Produktionsanlage.
- Land und Domäne, in denen der Strom produziert wurde.
- Kennzeichnung, ob die Stromproduktion öffentlich gefördert wird oder in der Vergangenheit öffentlich gefördert wurde.
- Angabe des Issuing Body, der für die Ausgabe des Herkunftsnachweises zuständig ist.
- Monat und Jahr der Ausgabe des Herkunftsnachweis.
- Angabe des Produktionszeitraums.

Wird elektrische Energie verbraucht und soll dieser Verbrauch mit Grünstrom abgedeckt werden, wird für die verbrauchte Menge elektrischer Energie eine äquivalente Menge an Herkunftsnachweisen eingelöst.

Dieses System der Ausstellung von Herkunftsnachweisen bei der Stromerzeugung und deren Einlösung beim Stromverbrauch soll einen Mengenabgleich zwischen Erzeugung und Verbrauch ermöglichen und soll somit als Nachweis für die Lieferung von Grünstrom genutzt werden können.

Im Moment entstehen diese Zertifikate (pro Megawattstunde ein Zertifikat) vor allem bei der Produktion von Strom aus Wasserkraft. Es besteht ein Überangebot an Zertifikaten, was natürlich den Preis für ein Zertifikat nach unten drückt. Dadurch sind die Erlöse, die durch die Zertifikate erzielt werden, relativ gering, sodass durch dieses Verfahren kaum mehr Geld eingesammelt werden kann, um weitere regenerativ erzeugende Kraftwerkskapazitäten zu finanzieren. Außerdem ist es denkbar, dass ein Stromlieferant, der Strom aus Kernkraftwerken produziert, diesen Strom beispielsweise nach Norwegen verkauft und dort von einem anderen Lieferanten, der Strom aus Wasser produziert, die gleiche Menge Strom wieder einkauft und dazu auch noch RECS-Zertifikate. So kann dann leicht mit dem vermeintlichen Ökosiegel geworben werden; das klingt ein bisschen nach Mogelpackung (siehe auch [TELEONL01]).

Die letzte Frage ist natürlich: Hilft uns das als willige Konsumenten von Grünstrom in irgendeiner Weise? Im Moment ist leider die Vielzahl der Ökostromlabel eher verwirrend und Transparenz nicht vorhanden. Das scheint ein prinzipielles Problem bei ökologisch korrekten Produkten zu sein, wie man auch bei den vielen Labeln von Lebensmitteln sieht, die nach ökologischen Kriterien hergestellt wurden.

Es bleibt nur, sich selbst zu informieren (zum Beispiel im Internet unter *www.ecotopten.de* und immer ein bisschen kritisch zu bleiben.

Grüne Schnäppchen?

Angesichts der Kosten bei der Herstellung von regenerativem Strom im Vergleich zu bereits abgeschriebenen Kernkraftwerken oder mit hoch subventionierter Kohle betriebenen Kohlekraftwerken ist es eigentlich kaum glaubhaft, dass Grünstrom billiger sein kann als »Egalstrom« [TELE2007]. Logisch scheint, dass der meiste Grünstrom aus existierenden Wasserkraftwerken, KWK-Anlagen und vielleicht einigen wenigen neuen Anlagen stammt. Richtig billig kann er gar nicht sein. Also doch reine Kundenbindung?

Formulieren wir es mal ein bisschen vorsichtig: Am besten ist es, wenn man Ökostrom von einem Anbieter bezieht, der eines der Label »Grüner Strom Label Gold«, Grüner Strom Label Silber« oder »ok power« trägt. Hierbei sind dann gute Hinweise vorhanden, dass der Bezug dieses Stroms zum weiteren Ausbau der regenerativen Stromerzeugung aktiv beiträgt.

Auf Ihrer Stromrechnung werden Sie übrigens keines dieser Label finden. Das Energiewirtschaftsgesetz schreibt nur vor, dass die Zusammensetzung des Stroms Ihres Stromlieferanten aufgeschlüsselt nach den einzelnen Energieträgern darzustellen ist. Zusätzlich sind Angaben zu machen, wie der durchschnittliche Strommix in Deutschland aussieht und welche Umweltbelastungen mit der Angabe der erzeugten Kohlendioxidmengen und der radioaktiven Abfallmengen durch Ihren Verbrauch zu gegenwärtigen sind.

3 Preisstruktur unseres Stroms

Der Preis für unseren Strom, den wir in der Regel monatlich pauschal bezahlen, errechnet sich üblicherweise aus der Anzahl der Kilowattstunden, die wir insgesamt jährlich verbrauchen, einem spezifischen Arbeitspreis und oft noch einem monatlichen oder jährlichen Bereitstellungspreis. Wie viel genau eine Kilowattstunde kostet, ist für uns in der Regel gar nicht so transparent. Das muss man sich im Prinzip selbst errechnen, indem man einfach den jährlich gezahlten Preis durch die Anzahl der verbrauchten Stromeinheiten (Kilowattstunden) dividiert.

3.1 Herleitung des Preises

So war, im Herbst 2007 ziemlich provozierend, ein Interview in der Frankfurter Allgemeinen Sonntagszeitung mit dem E.ON-Chef Wulf Bernotat übertitelt mit dem dezenten Hinweis in der Überunterschrift *»Über den Staat als Preistreiber von Energie«* [FASZ10071], was aber eigentlich völlig falsch ist. Aktuelle Preiserhöhungen in 2007 und 2008 haben nichts damit zu tun, dass Abgaben an den Staat erhöht worden sind (Ausnahme die Erhöhung der Mehrwertsteuer zu Beginn 2007).

Ist dieser Preis gerechtfertigt?

»Unser Strom ist heute billiger als vor zehn Jahren«

Die genaue Preishöhe einer Kilowattstunde hängt vom Ort und vom Lieferanten sowie auch dem Verbrauch in einem Haushalt in Deutschland ab, lässt sich im Mittel aber grundsätzlich in folgende Elemente auch quantitativ zerlegen. Es fällt dabei auf, dass die Herstellung etwa 30 % des Preises ausmacht und der Anteil des Staates im Wesentlichen zeitlich über die Jahre gesehen konstant ist. Wir fangen mal mit den vom Staat gesteuerten und allerdings nur zum Teil selbst einkassierten Preiselementen einer Kilowattstunde an.

Konzessionsabgabe – Wohltat für die Gemeinden

Diese Abgabe hat ein Stromversorger an diejenige Gemeinde zu zahlen, deren öffentliche Wege benutzt werden, um dort Leitungen zur Versorgung der in der Konzessionsabgabenverordnung sogenannten Letztverbraucher zu verlegen. Diese entspricht also einer Benutzungsgebühr, ein eigentlich ganz normaler Vorgang, wenn ein Unternehmen auf den Grundstücken eines anderen Eigentümers etwas vergraben will. Die genaue Höhe dieser Abgabe ist gesetzlich nicht direkt festgelegt. In der Konzessionsabgabenverordnung sind dagegen

Höchstbeträge festgeschrieben, die in der Regel aber auch nicht unterschritten werden. Dieses Geld wird direkt an die Gemeinden gezahlt, fließt also in den Etat der Gemeinde, in der jeder von uns lebt (und Strom verbraucht). Und genau genommen ist dieser Kostenblock ein Teil der Transportkosten des Stroms. Übrigens müssen die EVUs für die Benutzung öffentlicher Verkehrswege bzw. Flächen außerhalb von Gemeindegebieten zwar eine Erlaubnis haben, müssen aber dafür nichts bezahlen.

Für Haushalte in Gemeinden sind folgende Höchstbeträge für Konzessionsabgaben relevant (Verordnung über Konzessionsabgaben für Strom und Gas, zuletzt geändert am 1.11.2006):

Gemeindegröße	Höchstbetrag Konzessionsabgabe
bis 25.000 Einwohner	1,32 Ct/kWh
bis 100.000 Einwohner	1,59 Ct/kWh
bis 500.000 Einwohner	1,99 Ct/kWh
über 500.000 Einwohner	2,39 Ct/kWh

Kraft-Wärme-Kopplung – Gewünschte Effizienz

In dem Gesetz für die Erhaltung, die Modernisierung und den Ausbau der Kraft-Wärme-Kopplung (Kraft-Wärme-Kopplungsgesetz) vom 19. März 2002 und der Anpassung vom 31.10.2006 wird die Vergütung der in Kraft-Wärme-Kopplung erzeugten Strommengen festgelegt. Kraft-Wärme-Kopplung bedeutet die gleichzeitige Erzeugung von Wärme und Strom innerhalb eines einzigen Kraftwerks. Durch das Kraft-Wärme-Kopplungsgesetz von 2002 sollte der Einsatz dieser umweltfreundlichen Energieerzeugung gezielt gefördert werden. Die Kraft-Wärme-Kopplung koppelt zum Beispiel in Blockheizkraftwerken die Erzeugung von Strom und von Wärme und erreicht so Gesamtwirkungsgrade bis zu 90 % im Vergleich zu fossilen Kraftwerken mit einer reinen Stromerzeugung mit Wirkungsgraden bis vielleicht heute technisch möglichen 45 %.

Diese Kraftwerke dienen primär der Wärmeerzeugung zum Beispiel für Fernwärme. Die Prozesstemperaturen werden dabei so eingestellt, dass sowohl über eine Turbine Strom generiert wird, aber auch mit der im Vergleich zu reinen Stromkraftwerken heißeren Restwärme (um die 130° C) eine effiziente Wärmebereitstellung ermöglicht ist. Da Wärme verlustarm nicht weit transportiert werden kann, müssen solche Kraftwerke immer in der Nähe der Verbraucher lokalisiert sein. Dies widerspricht ein wenig der Strategie der großen Energieversorger, die große monoenergetische Anlagen bevorzugen, obwohl die

Kraft-Wärme-Kopplungs-Anlagen in Bezug auf eine geringe Umweltbelastung deutliche Vorteile besitzen. Durch die Abgabe möchte der Gesetzgeber die Ausweitung dieser umweltfreundlichen Technologie und damit indirekt auch das Geschäftsmodell der dezentralisierten Energieerzeugung und -versorgung gezielt fördern.

Durch Kraft-Wärme-Kopplung kann nämlich der Primärenergieträger (Gas oder Kohle) wesentlich effizienter ausgenutzt werden, als wenn die beiden Endenergiearten Wärme und Strom in separaten Kraftwerken erzeugt würden. Natürlich bedeutet eine effizientere Ausnutzung eine deutliche Reduzierung der CO_2-Emissionen, was von uns allen gewünscht wird und dringend geboten ist. Trotz der höheren Effizienz kann eine separate Erzeugung in größeren Kraftwerken allerdings kostengünstiger sein, solange die CO_2-Emissionen kostenmäßig nicht genügend berücksichtigt werden (müssen).

Daher hat der Gesetzgeber in dem oben zitierten Gesetz die Förderung durch eine festgelegte Vergütung des so erzeugten Stroms definiert. Die Kosten dieser Vergütung werden anteilmäßig auf alle Strombezieher umgelegt und machen sich durch einen kleinen Anteil im durchschnittlichen Kilowattstundenpreis bemerkbar. Dieser wird jedes Jahr auf Basis der in KWK-Technik erzeugten Strommengen neu berechnet und beträgt derzeit etwa 1,5 % des Strompreises. Dieses Geld erhält nicht etwa der Staat, wie bei einer Steuer, sondern der Produzent des KWK-Stroms, also der Betreiber eines Kraftwerks, ein Energieerzeuger also, dem die Abnahme und Vergütung des KWK-Stroms durch das KWK-Gesetz garantiert wird.

Insofern ist die Abgabe zwar staatlich festgelegt, bedeutet aber keine staatliche Einnahmequelle. Da aber KWK-Anlagen wegen der Notwendigkeit, die Wärmeverluste beim Transport zu uns Verbrauchern möglichst gering zu halten, in der Nähe von Verbrauchern aufgestellt sind und auch nicht die Dimensionen von klassischen Großkraftwerken erreichen, werden diese auch eher von Industrieunternehmen oder Stadtwerken betrieben. Die Diskussion über diese Abgabe wird aber vornehmlich von den Großenergieunternehmen bzw. den entsprechenden Verbänden geprägt.

Ausgleich für erneuerbare Energien

Dieser Anteil am Strompreis wird ebenfalls staatlich geregelt und fließt ebenfalls nicht in die Staatskasse, sondern in die Tasche eines Energieerzeugers, der mithilfe von regenerativen Energien wie Sonne, Wind, Wasser, biogene Stoffe und Geothermie Strom erzeugt. Das entsprechende Gesetz (Gesetz für den Vorrang erneuerbarer Energien vom 21. Juli 2004) war eines der Kernthemen der rotgrünen Regierungskoalition, um den Ausbau erneuerbarer Energie soweit voranzutreiben, dass ein möglichst hoher Anteil an der Energieerzeugung bei gleichzeitiger Wirtschaftlichkeit im Wettbewerb erreicht wird. Dieses Gesetz ist sehr erfolgreich, wurde in viele andere Länder in ähnlicher Form transferiert und auch von der aktuellen Regierung nicht infrage gestellt

Ebenfalls werden wieder den Produzenten von Strom aus erneuerbaren Energiequellen Vergütungssätze pro Kilowattstunde garantiert, die vom Netzbetreiber an den Erzeuger zu zahlen sind, in dessen Netz der Erzeuger den Strom einspeist. Im Prinzip würde dadurch derjenige Netzbetreiber im Wettbewerb benachteiligt, der eine große Menge regenerativ erzeugten Stroms abnehmen und vergüten muss. Diese potenzielle Ungerechtigkeit ist aber durch einen bundesweiten Ausgleich zwischen allen Netzbetreibern und letztlich Energielieferanten eliminiert, was ebenfalls durch das EEG geregelt wird. Letztendlich bezahlen wir alle mit einem kleinen Beitrag von ca. 3 % die gewünschte Transformation unserer Energieversorgung in eine nachhaltige Struktur mit sehr geringen Umweltauswirkungen.

Der Anteil am Strompreis wird mittelfristig noch leicht steigen, da glücklicherweise der Anteil regenerativ erzeugter Strommengen ebenfalls noch steigt. Allerdings ist die garantierte Vergütung degressiv festgeschrieben, um der zunehmenden Wettbewerbsfähigkeit dieser neuen Technologien (Windkraftanlagen, Fotovoltaik, Biomassekraftwerke, Geothermiekraftwerke) bei Neuinstallationen gerecht zu werden und diese auch zu fördern.

Übrigens muss ein Lieferant von 100 % regenerativ erzeugten Stroms diese Abgabe nicht bezahlen! Infolgedessen natürlich auch nicht dessen Kunden, sodass der mittlerweile durchaus beliebte Ökostrom sogar billiger im Bezug sein kann als ein klassisch erzeugter Strom. KWK-Strom ist zwar in einem hocheffizienten Kraftwerk erzeugt, allerdings in der Regel nicht regenerativ.

Also ran an den Wechsel!

Energiesteuer – Gesteuerter Verbrauch

Ein weiterer wichtiger Baustein der rotgrünen Koalition war der Einstieg in die ökologische Steuerreform 1999, die zwei wesentliche Ziele verfolgte: Verbilligung (steuerliche Entlastung) des Faktors Arbeit und Lenkung der Entwicklung bzw. des Konsums in Richtung energieeffizienterer Technologien und Produkte. Dies geschah durch die Einführung einer expliziten Verbrauchssteuer auf Energieprodukte wie Benzin, Heizöl und Gas, aber auch auf den Strom.

Für letzteren wurde ein explizites Gesetz formuliert (Stromsteuergesetz StromStG), in dem der Steuertarif in der letzten gültigen Fassung vom 15.07.2006 auf 20,50 Euro pro Megawattstunde festgelegt worden ist. Dies sind pro Kilowattstunde 2,05 Cent und damit etwa 11 % des spezifischen Strompreises. Übrigens ist Strom aus erneuerbaren Energieträgern u. U. von der Energiesteuer befreit, nämlich *»wenn dieser aus einem ausschließlich mit Strom aus erneuerbaren Energieträgern gespeisten Netz oder einer entsprechenden Leitung entnommen wird«* (StromStG § 9, Punkt 1). In der Regel ist das aber nicht der Fall, sodass diese Steuer auch beim Bezug von Ökostrom von einem reinen Ökostromanbieter anfällt.

Umsatzsteuer – Finanzierung des Staates

Der Strom ist, wie alles in Deutschland, mit der Umsatzsteuer beaufschlagt. Diese nennen wir üblicherweise Mehrwertsteuer.

Energieerzeugung – Die Grundenergiekosten

Natürlich muss der Strompreis die Erzeugungskosten der Energieerzeugung abdecken – inklusive der gewünschten Gewinnspannen des Energieerzeugers. Diese Kosten setzen sich aus der Investition in die Kraftwerke und deren Abschreibung, den Primärenergieträgern (wie Steinkohle, Braunkohle, Uran, Erdgas und auch Mineralöl) sowie den Betriebskosten der Anlagen zusammen. Etwa ein Drittel des Strompreises machen die Erzeugungskosten aus.

Netztransport – Auf der Autobahn zu uns

Wie in Kapitel 2.2 *Netzstruktur* gezeigt, ist in Deutschland ein umfassendes Transportnetz in verschiedenen Ebenen zur Energieversorgung aufgebaut worden. Diese Investitionen sind abzuschreiben, falls es noch nicht geschehen ist. Außerdem müssen die Netze gewartet und auch erweitert bzw. erneuert werden. Erweiterungen sind vor allem für die geplanten Offshore-Windkraftanlagen in der Nordsee notwendig, damit die dort erzeugten Strommengen auch zu den Verbrauchern in der Mitte und im Süden unseres Landes transportiert werden können. Erneuerung ist darüber hinaus auch ein ganz aktuelles Thema: Als im November 2005 im Münsterland eine Reihe von Strommasten aufgrund einer außergewöhnlichen Wetterlage mit Orkanböen und massiver Vereisung umknickten, wurde deutlich, dass aufgrund der bei der Konstruktion dieser Masten verwendeten Stahlsorten das Risiko für unvorhergesehene Unterbrechungen steigt (vgl. [BNA2006]). Soll also die hohe Versorgungssicherheit in

Deutschland beibehalten werden, müsste hier vermutlich eine Vielzahl von Strommasten ausgetauscht werden.

Vertrieb – Wir als Kunden

Die Kosten des Stromvertriebs, also der Lieferanten des Stroms, mit denen jeder von uns einen Versorgungsvertrag für seinen Haushalt abgeschlossen hat, müssen selbstverständlich ebenfalls inklusive der Gewinnspannen getragen werden.

Messung – Jetzt wird abgerechnet

Der Stromzähler in jedem Haushalt wird durch den Lieferanten zur Verfügung gestellt und ist durch den Verbraucher zu bezahlen. Das ist so ähnlich wie früher bei der Deutschen Telekom (oder wie sie damals hieß: Post). Das Telefon wurde gestellt und dafür hat man einen kleinen monatlichen Obolus gezahlt. Natürlich ist ein Stromzähler etwas anderes als ein Benutzungsgerät. Dieser dient ja zur Erfassung der Verbrauchsmenge, muss geeicht sein und eine gewisse Genauigkeit aufweisen, weil sein Messergebnis letztlich in bare Münze umgewandelt wird. Eine andere, individuelle Verbrauchsmessung wird nicht durchgeführt.

In Deutschland sind mehrheitlich noch die klassischen Drehstromzähler im Einsatz. Es gibt aber Bestrebungen im Wirtschaftsministerium, bei Verbraucherverbänden und von neuen Stromlieferanten, diese beschleunigt durch moderne, elektronische Zähler auszutauschen, die sich auch leicht aus der Ferne ablesen lassen. Heute wird die Messung ja in der Regel entweder von speziellem Personal vor Ort oder durch uns selbst (und Mitteilung per Post oder Fax) vorgenommen. Ob dieser Austausch ökonomisch und ökologisch Sinn macht, ist allerdings durchaus umstritten (z. B. [KAHM2007]).

Strom ist wie Milch

Die Hauptkostenblöcke beim Strompreis sind dennoch natürlich die Herstellung (Energieerzeugung) und der Transport inklusive der Gewinne der EVUs. Es ist auch noch ganz interessant zu wissen, dass der Transport des Stroms etwa 29 % zum Strompreis beiträgt, die Herstellung aber »nur« 27 % (EEG und KWK zur Erzeugung dazugerechnet). Damit wird eigentlich ein weiterer Vorteil der dezentralen Stromerzeugung sichtbar: Nämlich der Verzicht auf den weiten Transport mit allen Hoch-, Mittel- und Niederspannungstransformationen und den Strommasten, die zuweilen umfallen können, wie Ende 2005 in Nordrhein-Westfalen geschehen, und damit auch der Verzicht auf diese Kosten.

Diese Details des Strompreises sind eigentlich nichts Besonderes, weil im Preis jedes Produkts, das wir irgendwo kaufen, natürlich ähnliche vergleichbare Komponenten enthalten sind.

Beispiel Milch:

- **Erzeugung**
  Natürlich sind im Preis für einen Liter die Kosten des Bauern für seine Kuh enthalten, damit also auch das Gras bzw. das Kraftfutter für die Kuh; zusätzlich die Kosten der Molkerei, die die Rohmilch von den Bauern abholt und in den trinkfertigen Zustand transformiert (pasteurisiert, homogenisiert), sowie die Kosten des Herstellers der Milchverpackung in einer mehr oder weniger genormten Form.
- **Transport**
  Die Kosten des Lastwagenfahrers des Logistikunternehmens, das die verkaufsfertige Milch zu dem Laden transportiert, in dem wir einkaufen, und die Kosten für die Straße, auf der der Laster fährt, sind teilweise durch die Mineralölsteuer und die Kfz-Steuer abgedeckt. Auch diese Kosten gehen in den Milchpreis ein.
- **Lieferant**
  Die Kosten der Werbung für den Laden oder sogar für die Milch und schließlich die Kosten für den Laden selbst, für die Miete, die Löhne von Lagerpersonal, Verkäuferinnen und Kassiererinnen sind ebenfalls im Preis enthalten.
- Zum Schluss sind die Kosten für den Grünen Punkt, also für die Abfallentsorgung bzw. das Recycling enthalten.

Haben Sie darüber schon einmal gelesen? Natürlich nicht, das interessiert uns auch normalerweise nicht und ist auch nicht wichtig. Beim Strom ist das ein wenig anders, da ist der Preis immer schnell politisch interessant und wird in seinen unterschiedlichen Anteilen aus der eigentlichen Wertschöpfungskette und den etwas außergewöhnlichen Belastungen in letzter Zeit ziemlich oft in allen möglichen Medien gezeigt (aber wenig erläutert!).

Übrigens werden in veröffentlichten Grafiken oft gewisse Details nicht explizit dargestellt, um der beabsichtigten Botschaft (»der Staat ist der Preistreiber«) die nötige Schärfe zu geben.

3.2 Warum werden die Strompreise steigen?

Hier lesen Sie acht Thesen dazu:

1. Der Ausbau der erneuerbaren Energien wird weitergehen und sogar forciert werden.

Das ist zu begrüßen, weil dies unsere Energieversorgung unabhängiger, sicherer und umweltfreundlicher machen wird. Es werden heimische Rohstoffe benutzt und fast die komplette Wertschöpfung findet in Deutschland statt, und zwar relativ in der Nähe, wo der Strom verbraucht wird. Allerdings kostet das Geld und wird weiterhin in den Strompreis eingepreist werden. Dieser Anteil wird mit dem Ausbau der erneuerbaren Energien steigen. Die geplanten Offshore-Windanlagen in der Nordsee erfordern höhere Anfangsinvestitionen und bergen aufgrund der rauen Seeumgebung ein höheres Betreiberrisiko, daher ist die zugesagte Förderung auch über einen längeren Zeitraum konstant und sinkt nicht mit der Zeit wie bei den anderen erneuerbaren Energien (pro Kraftwerk bleibt die Förderung prinzipiell 20 Jahre konstant, die Höhe dieser garantierten Vergütung hängt aber vom Zeitpunkt der Inbetriebnahme ab. Je später eine Anlage in Betrieb genommen wird, desto niedriger ist die garantierte Vergütung).

2. Das Transportnetz muss erneuert und erweitert werden.

Erneuerungen scheinen, wie oben schon erwähnt, aufgrund von Materialschwächen in den verwendeten Stahlbetonmischungen zunehmend dringlicher zu werden. Andernfalls können die Netzbetreiber unter Umständen die begrüßenswert hohe Versorgungssicherheit in Deutschland nicht mehr aufrecht erhalten.

Erweiterungen sind in erheblichem Maße nötig, um die Stromkontingente der geplanten Offshore-Windanlagen von Norddeutschland in andere Verbrauchsregionen zu transportieren. Die heute installierten Kapazitäten im Netz reichen dazu nicht aus. Dies ist ausführlich in der Netzstudie der Deutschen Energieagentur von 2005 analysiert worden [DENA2005]. Dort kam man zu dem Ergebnis, dass der geplante Ausbau regenerativer Energiegewinnung in Deutschland (bis 2020 mindestens 20 % Anteil durch erneuerbare Energien) eine Verstärkung des bestehenden Verbundnetzes auf einer Länge von ca. 400 km sowie den Bau neuer Verbundnetztrassen auf einer Länge von 850 km nötig machen.

Erweiterungen werden aber auch aufgrund der von der Europäischen Kommission geförderten und geforderten Öffnung der nationalen Strommärkte notwendig werden, damit beispielsweise Frankreich seinen billig atomar erzeugten Strom in andere europäische Länder exportieren kann. Und wir können davon ausgehen, dass der Einfluss von Frankreich auf die europäischen Gremien sehr groß ist.

3. Es werden neue Kraftwerkskapazitäten errichtet werden.

In Deutschland erreichen in den nächsten zehn bis 15 Jahren etwa ein Drittel der Erzeugungskapazitäten ihre technische Lebenserwartung und müssen ausgetauscht werden. Nachdem diese vorhandenen Kapazitäten nahezu oder bereits völlig abgeschrieben sind (wie beispielsweise die meisten Kernreaktoren), ist damit zu rechnen, dass die Neuinvestitionen sich auch im Strompreis wiederfinden werden.

4. Deutschland steigt aus der nuklearen Stromerzeugung aus.

Der beschlossene Ausstieg aus der Kernenergie erfordert ebenfalls Alternativen durch neue Kraftwerke. Sicherlich wird einiges der heute verfügbaren Kapazitäten durch sinnvolle Effizienzmaßnahmen und durch den Ausbau erneuerbarer Energien ersetzt werden können, aber absehbar ist, dass das nicht reichen wird. Es werden wohl auch andere Kraftwerke gebaut werden müssen.

5. Eine Endlagerung für radioaktive Abfälle muss umgesetzt werden.

Die Endlagerung der vorhandenen radioaktiven Abfälle muss endlich durchgeführt werden, was mit erheblichen Kosten verbunden sein wird. Diese Kosten sind heute nur zum Teil in Rückstellungen der Erzeuger vorhanden und müssen letztendlich von den Verbrauchern (oder Steuerzahlern) getragen werden. Das gilt natürlich auch für die heute noch im Vergleich niedrigen Stromtarife in Frankreich, wo ja bekanntlich etwa 80 % des Stroms nuklear erzeugt wird. Aber auch in Frankreich ist das Problem der Endlagerung völlig ungelöst.

6. Die Anzahl der ausgegebenen, z. T. versteigerten CO_2-Emissionszertifikate wird stetig reduziert und erhöht den Vermeidungsdruck.

Als eines der wirksamsten Vehikel zur wirtschaftlichen CO_2-Emissionsreduktion wurde der CO_2-Emissionszertifikatehandel ins Leben gerufen. In einer ersten Handelsperiode von 2005 bis 2008 wurde pro Jahr eine sich jährlich reduzierte Charge an CO_2-Zertifikaten ausgegeben. Ein Zertifikat verbrieft für seinen Besitzer das Recht, in dem entsprechenden Jahr eine Tonne Kohlendioxid in die Atmosphäre blasen zu dürfen. Die in den ersten beiden

Jahren ausgegebenen Zertifikatsmengen waren aber leider in fast allen beteiligten europäischen Ländern zu hoch, sodass mehr Zertifikate am Markt vorhanden waren, als benötigt wurden. Dies drückt üblicherweise die zu zahlenden Preise.

Denn das ist der Clou mit den Zertifikaten: Sie können auch verkauft werden, und zwar am besten an jemanden, der zum einen bereit ist, dafür Geld zu bezahlen, und der zum anderen nur mit höheren Kosten die gleiche Tonne Kohlendioxid vermeiden könnte (durch geringere Produktion oder durch entsprechende technologische Maßnahmen).

In der nächsten Handelsperiode wird der Umfang der Erlaubnis zu emittieren, also die Anzahl der im Markt befindlichen Zertifikate geringer sein als die üblichen Emissionsmengen. Somit steigt der Druck zu handeln bzw. Emissionen zu vermeiden. Das kostet Geld und wird in die Erzeugungskosten einfließen. Derzeit geht man von einem Preis pro Zertifikat von 20 bis 30 Euro aus. Bei dem derzeitigen Mix in Deutschland mit etwas unter 0,6 kg CO_2-Emissionen pro erzeugter kWh (Endenergie) würde das einen Preisaufschlag von etwa 2,30 Cent inklusive der Gewinnspanne des Erzeugers ausmachen, das sind mehr als 10 % im Kilowattstundenpreis.

7. Effizienzsteigernde Maßnahmen werden flächendeckend die wünschenswerte Aufmerksamkeit erhalten.

Die ökologisch am sinnvollsten einzusetzende Energieerzeugung ist der Nicht-Verbrauch (Nega-Watt). In eigentlich allen Nutzenergiebereichen kann der Einsatz der Primärenergie um teilweise bis zu 80 % reduziert werden, ohne dass der Nutzen dabei auf der Strecke bleibt. Das ist nicht leicht umzusetzen. Dazu gibt es auch nicht die eine große Maßnahme, um es in die Tat umzusetzen. Aber wir sind mal optimistisch und gehen von einer beschleunigten Energieproduktivitätsverbesserung in Deutschland in den nächsten zwanzig Jahren aus. Dies hat natürlich Konsequenzen für den Stromverbrauch. Bislang ist er unbegrenzt gestiegen, in den letzten sieben Jahren um 9 % nur in den Haushalten. Die Bundesregierung ist aber daran interessiert, dies umzukehren. Höhere Energieproduktivität heißt ja, dass wir mehr Nutzen aus einer Kilowattstunde ziehen, also energieeffizienter leben. Und das wird bedeuten, dass der Stromverbrauch sinken wird. Die Folge: Die Fixkosten der vorhandenen Infrastruktur in Erzeugung und Transport teilen sich auf weniger Kilowattstunden auf, die spezifischen Kosten pro Kilowattstunde werden also steigen. Natürlich sinken unsere Gesamtkosten, wenn wir weniger Strom verbrauchen.

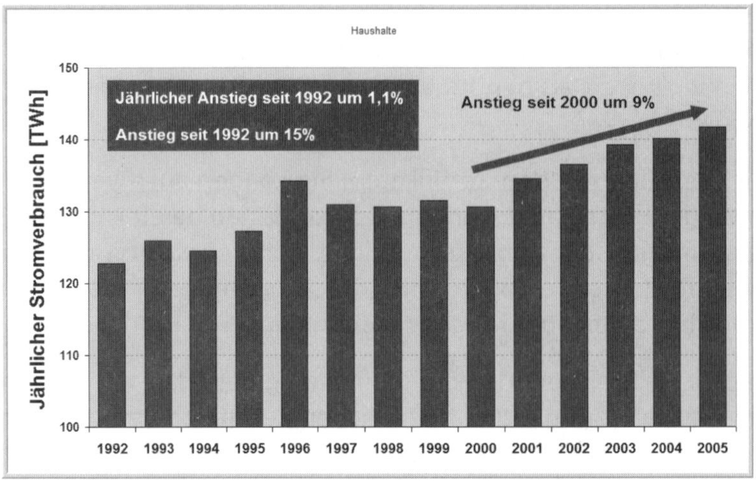

Bild 3.1 Stromverbrauchsentwicklung in den Haushalten in Deutschland.

Außerdem wird derzeit das Modell eines Effizienzfonds diskutiert, in den alle Stromverbraucher durch ihren Bezug von Kilowattstunden einzahlen sollen, also wieder pro Kilowattstunde einen bestimmten Obolus. Das Geld, das so eingesammelt würde, soll dann ein Effizienzfondsverwalter benutzen können, um Effizienzverbesserungsprogramme zu finanzieren, Werbeaktionen durchzuführen und Fördermaßnahmen für die Entwicklung und Umsetzung von Effizienzmaßnahmen anzustoßen.

8. Stromkunden werden häufiger den Stromlieferanten wechseln.

Seit Beginn der Liberalisierung des Strommarkts 1998 besteht für Haushaltskunden prinzipiell die Möglichkeit, den Stromanbieter zu wechseln. In den ersten Jahren ist diese Möglichkeit, obwohl gleich zu Beginn des Liberalisierungsprozesses neue Anbieter auf dem Markt in Erscheinung traten, von den Kunden nur sehr zögerlich angenommen worden. Offensichtlich waren Gewohnheiten zu stark, der Druck, sich nach einem preiswerteren Angebot umzuschauen, zu schwach und die Bedeutung des Strompreises zu gering.

Dies hat sich durch die Vielzahl von Preisankündigungen und Preiserhöhungen 2007 für manche Anbieter schmerzhaft geändert. Zugleich riefen Verbraucherverbände in ganz gezielten Aktionen zu einem Wechsel des Stromanbieters auf, um vom Markt her Druck auf die etablierten Anbieter auszuüben. Dies wird vermutlich, ähnlich wie in der Telekommunikation beim Mobilfunk, zu einer nicht mehr so stark ausgeprägten Treue der Kunden zu ihrem Lieferanten führen. Die »Geiz ist geil«-Welle ebbt zwar langsam ab und Qualität setzt sich wieder durch, dennoch ist mit einer erhöhten

Wechselbereitschaft vieler Haushalte zu rechnen, gerade auch in Richtung einer nachhaltigeren Stromversorgung mit grünem Strom.

Durch diese erhöhten Fluktuationsraten und die dadurch nicht mehr sicheren Stromabnehmer im eigenen Kundenkreis werden sich neue Preisgleichgewichte einstellen. Vermutlich wird es einen Preisdruck nach unten geben, was den anderen Effekten zumindest entgegensteuern sollte.

Die nachstehende Abbildung akzentuiert die acht Thesen noch einmal in einem grafischen Zusammenhang.

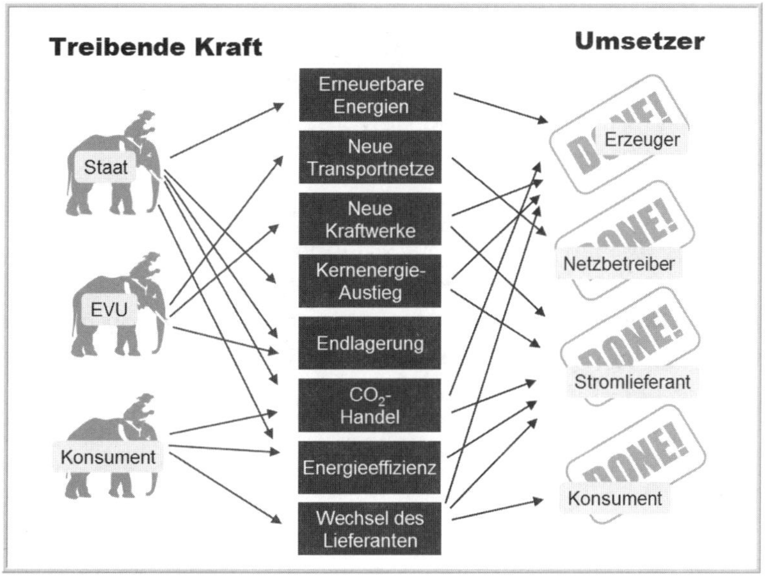

Bild 3.2 Einflussfaktoren auf die künftige Strompreisentwicklung.

Die Beschaffungskosten für die benutzten Primärenergieträger spielen übrigens eine eher marginale Rolle. Steinkohle ist im Moment nicht besonders teuer, die Kosten von Braunkohle entwickeln sich moderat, ähnlich wie die offizielle Inflationsrate, die Rohstoffkosten von Uran treten in der Gesamtkostenbetrachtung eigentlich nur unter ferner liefen auf (das wird für die Endlagerungskosten nicht so zutreffen, auch nicht für die Entsorgung der Nuklearanlagen, wie man bereits beim ehemaligen Kernkraftwerk Obrigheim sehen konnte).

Allein der Preis von Gas, der an den Erdölpreis gekoppelt ist, galoppiert wesentlich schneller. Der Anteil von Gas als Primärenergieträger für die Stromversorgung betrug aber 2006 nur etwas mehr als 10 %, das relativiert den Galopp wieder ein wenig zu einem lockeren Trab.

3.3 Tarifsysteme für Haushalte

Die Liberalisierung des Strommarkts hatte verschiedene Auswirkungen, die direkten Einfluss auf uns selbst nehmen:

- Es sind mehr Anbieter auf dem Markt als zuvor. Neben dem örtlichen Versorger können wir uns jetzt von irgendeinem anderen Anbieter den Strom ins Haus liefern lassen. Das führt zu Informationsbedarf.
- Die Anbieter werben um uns. Wir werden in Einkaufszentren, telefonisch oder über Postwurfsendungen oder Anzeigen in Wochenblättern angesprochen. Das konfrontiert uns mit einer persönlichen Ansprache.
- Neue Tarifmodelle haben sich etabliert. Sich auszurechnen, welcher Tarif der für uns günstigste ist, ist aufwendig geworden. Das erfordert von uns einige rationale Überlegungen.

Wir möchten daher im Folgenden die wichtigsten Tarifmodelle für Haushalte kurz diskutieren. Um es für den Leser nachvollziehbar zu machen, haben wir allerdings auch ein wenig »Rechnungswesen« eingebaut, also ein paar Formeln, die jeder benutzen kann, indem er/sie seine eigenen relevanten Werte einsetzt. So lässt sich mit nur wenig Aufwand ein schneller individueller Vergleich zwischen den wichtigsten Tarifmodellen durchführen.

Standardtarif

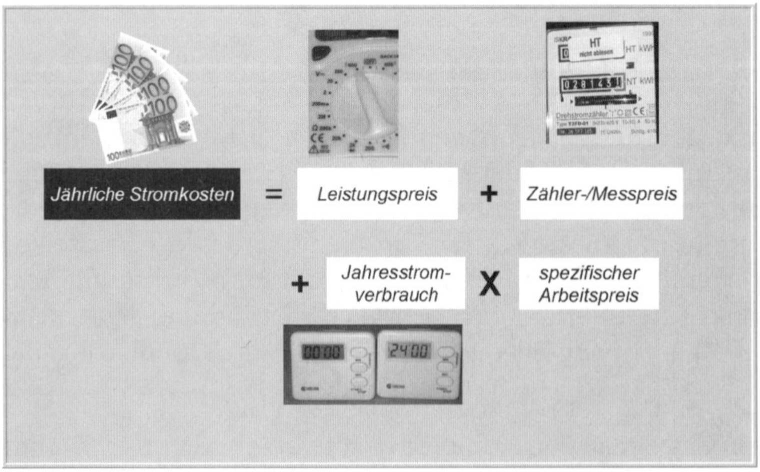

Bild 3.3 Berechnung der jährlichen Gesamtkosten – Standardtarif.

Der Standardtarif für Haushalte setzt sich heute aus zwei Komponenten zusammen: dem monatlichen Grundpreis und dem spezifischen Arbeitspreis pro Kilowattstunde. Dabei ist es egal, wie viel Strom ein Haushalt jährlich verbraucht, der spezifische Arbeitspreis (spezifisch meint pro Kilowattstunde) ändert sich nicht. Der spezifische Gesamtpreis pro Kilowattstunde ist natürlich von der Anzahl der verbrauchten Kilowattstunden abhängig, weil in ihn auch der monatliche Fixpreis einzurechnen ist. Wir geben den Rechenweg hier einmal explizit an, damit jeder die Stromrechnung daheim nachvollziehen kann.

Ein Beispiel aus dem Tarifgebiet der Münchner Stadtwerke (Status November 2007) soll die Ermittlung verdeutlichen:

```
monatlicher Grundpreis = 7,44 Euro (jährlich (55,72+33,56) /
12 = 7,44)
```

In diesem monatlichen Grundpreis sind Leistungspreis und Zähler-/Messpreis enthalten.

```
spezifischer Arbeitspreis = 17,86 Cent/kWh

Jahresstromverbrauch = 3.940 kWh
```

Die **Gesamtkosten** für den Stromverbrauch ergeben sich aus:

```
Jährliche Stromkosten = 12 x 7,44 Euro
+ 3.940 x 0,1786 Euro

= 792,96 Euro
```

Pro bezogene **Kilowattstunde** Strom wurde folgender Preis bezahlt:

```
Preis einer Kilowattstunde = Jährliche Stromkosten /
3.940 Euro / kWh

= 0,2013 Euro / kWh = 20,13 Cent/kWh.
```

Dieser durchschnittliche Kilowattstundenpreis ist natürlich vom jährlichen Stromverbrauch abhängig. Dies liegt an dem monatlichen Grundpreis, der konstant ist und sich aus zwei Anteilen zusammensetzt: einem Bereitstellungspreis (für eine gewisse maximale Anschlussleistung) und einen Messpreis, mit dem wir im Prinzip den funktionierenden Stromzähler peu à peu abbezahlen. Wenn man sich allerdings klar macht, dass dieser Zähler seit vielen Jahren in vielen Häusern problemlos läuft, dann wird man ein wenig an die ehemaligen monatlichen Gebühren für das damals von der Deutschen Bundespost gestellte Standardtelefon erinnert.

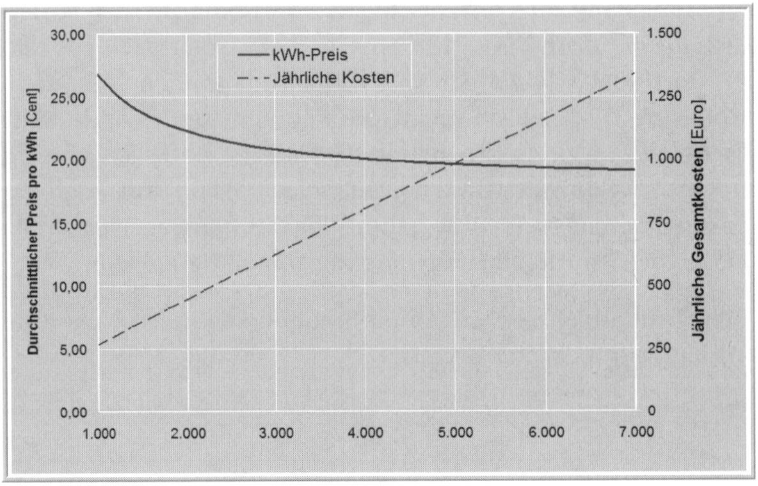

Bild 3.4 Abhängigkeit des durchschnittlichen kWh-Preises vom jährlichen Verbrauch bei einem beispielhaften Grundpreismodell.

Oft gibt es dieses Modell in verschiedenen Tarifvariationen mit unterschiedlichen Grundpreisen und unterschiedlichen Arbeitspreisen. Als Faustregel kann gelten: *»Je niedriger der Grundpreis, desto besser ist der Tarif für Singles. Große Familien fahren besser mit kleinem Verbrauchspreis.«* [STIWA07].

Nachttarif bzw. Kombitarif

In diesem Tarifmodell bietet der Energieversorger die Option, je nach Tageszeit unterschiedliche spezifische Arbeitspreise abzurechnen. In der Regel wird einfach zwischen einem Tagestarif und einem Nachttarif unterschieden.

Hintergrund eines solchen Modells ist die sehr unterschiedliche Strommenge, die über den Tag hinweg zu verschiedenen Zeiten von der Summe der Verbraucher nachgefragt wird. Nachts wird im Wesentlichen die konstante Grundlast nachgefragt, dagegen gibt es während des Tages eindeutige Verbrauchsspitzen, zu deren Abdeckung teure Spitzenlast-Kraftwerke angefahren werden müssen.

Infolgedessen sind auch die für den Bezug der geforderten Strommengen zu zahlenden Preise unterschiedlich. Diese Preisdifferenzierung geben einige Energieversorger als Flexibilisierungsmöglichkeit an ihre Kunden weiter.

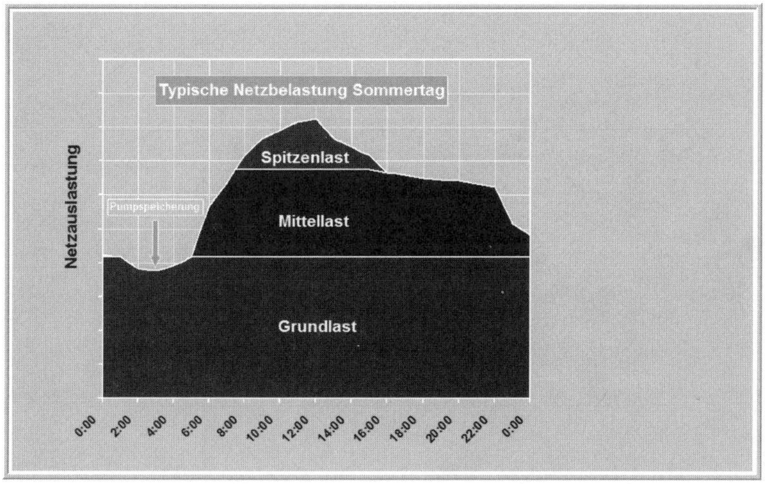

Bild 3.5 Typischer Lastverlauf im deutschen Stromnetz an einem Sommertag.

So können unter Umständen diejenigen Verbraucher von einem derartigen Tarifmodell profitieren, die auch nachts neben dem Kühlschrank weitere Großverbraucher laufen lassen (können oder müssen). Also zum Beispiel eine Nachtspeicherheizung, die immer noch in vielen Altbauten in den Großstädten als Heizungstechnologie eingesetzt wird, primärenergetisch aber ziemlich fragwürdig ist. Aber historisch bedingt lässt sich das so schnell nicht mehr ändern. Investitionskosten müsste der Vermieter tragen, die Kostenvorteile hätte der Mieter. Das führt fast zwangsweise zu einem Stillstand, falls der Gesetzgeber hier nicht ein bisschen nachhilft.

Das zweite Szenario ist die zeitabhängige, durch eine Schaltuhr gesteuerte Benutzung von Großverbrauchern wie der Waschmaschine oder des Wäschetrockners in den Schwachlastzeiten. Aber erstens kann das zu nächtlichen Geräuschbelästigungen führen, zweitens müsste die Wäsche auch noch nachts zum Trocknen aufgehängt oder in den Wäschetrockner gepackt werden, und drittens kostet der permanente Betrieb einer Zeitschaltuhr an der Waschmaschine oder an der Steckdose auch Energie. Das muss man sich dann schon genau ausrechnen, ob sich ein solches Modell wirklich lohnt.

Wir geben wieder ein exemplarisches Beispiel an, in das nur die eigenen Werte eingesetzt werden müssen, um für die eigene Situation ein Ergebnis zu bekommen.

Die Gesamtkosten errechnen sich folgendermaßen:

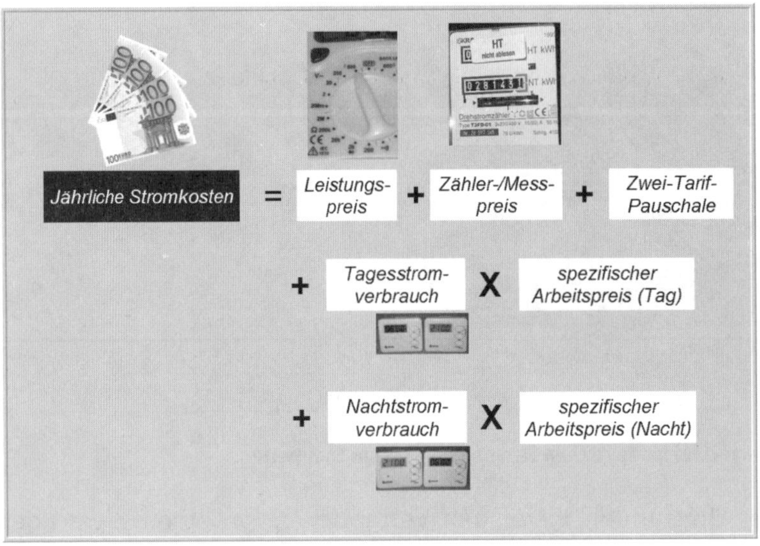

Bild 3.6 Berechnung der jährlichen Gesamtkosten – Kombitarif.

Ein Beispiel, wieder aus dem Tarifgebiet der Münchner Stadtwerke, soll die Ermittlung verdeutlichen:

```
monatlicher Grundpreis = 9,71 Euro (jährlich (55,72+33,56+27,27)
/ 12 = 9,71)
```

In diesem monatlichen Grundpreis sind Leistungspreis, Zähler-/Messpreis und Zwei-Tarifpauschale enthalten.

```
Spezifischer Arbeitspreis
Tag     = 21,41 Cent/kWh
Nacht   = 11,44 Cent/kWh
```

Der Tagtarif gilt von 6:00 bis 21:00 Uhr, der Nachttarif von 21:00 bis 6:00 Uhr.

```
Stromverbrauch
Tag     = 2.940 kWh
Nacht   = 1.000 kWh
```

Die **Gesamtkosten** für den Verbrauch ergeben sich aus:

```
Jährliche Stromkosten = 12 x 9,71 Euro
+ 2.940 x 0,2141 Euro
+ 1.000 x 0,1144 Euro

= 860,40 Euro
```

Pro bezogene **Kilowattstunde** Strom wurde folgender Preis bezahlt:

```
Preis einer Kilowattstunde = Jährliche Stromkosten /
3.940 Euro/kWh

= 0,2184 Euro / kWh = 21,84 Cent/kWh.
```

In diesem Beispiel ist also der Standardtarif sogar günstiger. Und 1.000 Kilowattstunden pro Jahr durch Waschen und Trocknen zu verbrauchen, ist gar nicht so leicht. Pro Waschmaschinenfüllung benötigen wir im Mittel etwa 0,8 Kilowattstunden, pro Wäschetrocknerfüllung etwa 2 kWh. In Summe also pro Waschgang etwa 2,8 kWh [DANK2006].

Mengentarif

Im Mengentarif wird Ihnen in Abhängigkeit von Ihrem jährlichen Stromverbrauch ein unterschiedlicher Arbeitspreis (und meistens auch monatlicher Grundpreis angeboten). Je nachdem, wie viele Kilowattstunden Sie verbrauchen, ändert sich der Tarif. Allerdings müssen Sie sich zu Beginn einer Abrechnungsperiode für eine Menge bzw. einen Tarif entscheiden. Wenn Ihr Verbrauch deutlich geringer ausfällt als die Menge, für die der Mengentarif optimiert wurde, zahlen Sie im Mittel pro Kilowattstunde mehr als im Standardtarif. Ein Mengentarif belohnt sozusagen einen hohen Stromverbrauch und rabattiert diesen. Dies ist wirtschaftlich dadurch zu erklären, dass die Fixkosten des Stromanbieters nicht direkt von den verkauften Strommengen abhängen, sondern eher von der Anzahl der Kunden. Dieses Modell ermöglicht es einem Stromanbieter, kundenindividuellere Angebote zu gestalten, um die Kundenbindung zu erhöhen. Bei Großverbrauchern ist dies sogar die Regel, da deren Bezugspreise sich deutlich von denen der Normalverbraucher unterscheiden.

Flatrate

Eine Flatrate wie bei der Telekommunikation oder dem Mobilfunk ist uns noch nicht erfunden. Das wird vermutlich auch nicht passieren, weil es hier einen prinzipiellen Unterschied in den Kostenstrukturen der Lieferanten gibt, die letztendlich einer Bepreisung zugrunde liegen. In der Telekommunikation setzen sich die Kosten eines Lieferanten aus den Abschreibungsbeträgen für das Investment in die Infrastruktur zusammen, den Kosten für die Wartung, die Administration und den Komplettbetrieb der Netze und Vermittlungsanlagen sowie den Kosten für den Vertrieb des Produkts »Telekommunikation«. Diese Kosten sind im Wesentlichen unabhängig vom Verkehrsaufkommen über die Netze. Das maximal mögliche Verkehrsaufkommen spiegelt sich natürlich in dem Investment in die Infrastruktur wider. Kurz gesagt hängen die Kosten nicht davon ab, wie viel wir über ein bestehendes Netz telefonieren.

In der Energiewirtschaft ist das ein klein wenig, aber entscheidend anders. Zu all den genannten Kosten kommen auch noch die Kosten für die bezogene Energie (Strommenge) vom Energiehersteller hinzu. Diese ändern sich natürlich mit der Menge der bezogenen Energie. Kraftwerke produzieren nur dann Energie, wenn sie in Betrieb sind. Bei jedem Anlauf eines Kraftwerks ist zudem eine gewisse Zeitspanne notwendig, bis der optimale Arbeitspunkt erreicht ist. Häufiges An- und Ausschalten eines Kraftwerks bedeutet also ebenfalls höhere Kosten.

Folglich ist es für einen Lieferanten höchst riskant, eine Flatrate zu kalkulieren, weil der genaue Verbrauch und damit auch der notwendige Energiebezug von vorneherein nicht feststeht. Zwar schwankt der individuelle Verbrauch nicht übermäßig und Durchschnittswerte (über eine Grundgesamtheit von vielen gemessen) schwanken noch viel weniger. Der Energiepreis wird aber durch das teuerste Kraftwerk bestimmt, das nötig ist, um die Spitzenlast abzudecken. Und da ist dann nicht mehr viel mit Statistik, wie auch die Preis-Schwankungsbreite des an der Strombörse in Leipzig gehandelten Stroms ausweist.

Umweltpolitisch gesehen ist eine Flatrate allerdings vollkommen kontraproduktiv. Eigentlich ist ja das klimapolitische Ziel, den Verbrauch in Summe überhaupt zu reduzieren. Dies erfolgt erfolgversprechender eher über Motivationen als über Verbote. Eine Flatrate lädt aber zu einem ungehemmten Verbrauch geradezu ein, würde also vermutlich von der Regierung gesetzlich untersagt werden.

Denkbar wäre eine Flatrate in Kombination mit einem Zeittarif. Beispielsweise wird nachts in der Regel deutlich weniger Strom nachgefragt, sodass Kraftwerke sogar vom Netz genommen werden müssen, wenn die Nachfrage nicht mehr im Gleichgewicht zur Produktion steht. Dies erhöht, wie oben skizziert, die Kosten für die Energieerzeugung. Wenn es also gelänge, einen üblicherweise während der Tageszeiten auftretenden Strombedarf in die Nachtzeiten zu verlegen – dies könnte über eine günstige Nacht-Flatrate motiviert sein -, dann könnte im Endeffekt der Energielieferant einen günstigeren Bezugspreis für den Strom bekommen und die Einsparungen an seine Kunden weitergeben. Dies sind wohl Modelle, die augenblicklich bei Anbietern zumindest diskutiert werden.

Zeittarif

Diese Art des Tarifs kennen Sie im Prinzip noch von der Deutschen Bundespost bzw. dem Nachfolgeunternehmen (Deutsche Telekom): Je nach Tageszeit gibt es unterschiedliche Tarife für die Kilowattstunden (bzw. für das Telefonieren pro Minute). Dadurch ist ein Anbieter prinzipiell in der Lage, den über den Zeitablauf variablen Stromverbrauch zu steuern.

Allerdings gilt Strom als notwendiges Lebensmittel. Der Verbrauch des Stroms hängt nicht so sehr vom Preis ab, allerdings nur bis eventuelle Schmerzgrenzen überschritten sind. Folglich ist auch nicht zu erwarten, dass Verbraucher viel Rücksicht auf die zeitabhängigen Tarife nehmen, wenigstens nicht sofort. Großverbraucher lassen sich zwar wirkungsvoller einsetzen, z. B. in Schwachlastzeiten, in denen der Stromtarif günstiger ist. Aber eine solche Umstellung setzt eine gedankliche Umstellung beim Verbraucher und seinem Verhalten voraus. Das ist aber nicht ganz leicht, wie jeder von uns selbst weiß.

Pakettarif

Dieses Angebot ist relativ neu im Portfolio einiger Stromanbieter (z. B. FlexStrom) und sieht aus wie ein Schnäppchen. Man kauft ein Paket Kilowattstunden gleich für ein ganzes Jahr im Voraus (z. B. 4.000 kWh bei einem 4-Personen-Haushalt), bezahlt auch im Voraus und bekommt im Gegenzug die verbrauchten Kilowattstunden für einen günstigeren Betrag als bei anderen Tarifsystemen. Dabei gibt es vier Haken:

Haken 1
Sie zahlen im Voraus, das Geld ist also schon ausgegeben, noch bevor Sie überhaupt Strom verbraucht haben.

Haken 2
Sie wissen nicht, was mit Ihrem Geld passiert, sollte der Lieferant während des Jahres insolvent werden. Dies ist zu Beginn der Stromliberalisierung durchaus mit einigen Anbietern passiert und lässt sich auch heute nicht ausschließen.

Haken 3
Wenn Sie im Jahr weniger verbrauchen, bekommen Sie kein Geld zurück. Jede Kilowattstunde, die Sie verbraucht haben, wird also teurer, weil die Gebühren der nicht verbrauchten Kilowattstunden auf die verbrauchten aufgeteilt werden.

Haken 4
Und wenn Sie mehr verbrauchen, dann kosten die zusätzlich benötigen Kilowattstunden auch gleich deutlich mehr.

Ob diese Haken wirklich Nachteile bedeuten, muss jeder selbst entscheiden. Im Allgemeinen ist der Jahresverbrauch zwar nicht konstant, schwankt aber oft auch nicht um mehr als vielleicht 5 %. Das hängt davon ab, welche Verbraucher über Ihre Stromrechnung laufen. Der Verbrauch von Heizungssystemen (wie Nachtspeicheröfen oder Elektroheizungen im Bad) ist natürlich stark abhängig von den klimatischen Bedingungen innerhalb eines Jahres. Abgesehen davon sollte man solche Verbraucher nur in sehr seltenen Ausnahmenfällen benutzen (z. B. Elektroheizungen maximal in einem Passivenergiehaus bei selten auftretenden, extrem niedrigen Außentemperaturen).

Wenn Sie also 5 % weniger verbrauchen (das sind bei unserem Beispiel 200 kWh), wird jede verbrauchte Kilowattstunde um etwas mehr als 5 % teurer. Wenn Sie 5 % mehr verbrauchen, dann verteuert sich jede Kilowattstunde entsprechend. Das kann dann insgesamt teurer werden, als wenn Sie den üblichen Standardtarif genommen hätten.

Verlängerte Vertragslaufzeiten

Dies ist eine Vertragsoption, die gegen Ende 2007 vielen Kunden angeboten wurde, um die Kundenbindung zu erhöhen. In dem Wissen (und natürlich auch geprägt durch viele Interviews von Vorstandsvorsitzenden und Meldungen in der Presse, nach denen mit weiteren Preiserhöhungen in Zukunft zu rechnen ist), dass die Strompreise zukünftig eine höhere Dynamik vor allem nach oben haben, sollen sich Kunden für mehr als die üblichen Vertragslaufzeiten, also zum Beispiel für drei Jahre statt einem Jahr, an einen Anbieter binden. Das bedeutet, der meist neue Tarif ab dem 1. Januar wird für die verlängerte Vertragslaufzeit vom Lieferanten garantiert. Dies wird mit zwei Nachteilen erkauft. Zum einen verliert der Kunde natürlich an Flexibilität in Bezug auf einen spontanen Wechsel zu einem anderen Anbieter während der nächsten zwei bis drei Jahre. Und zum anderen ist ein kleiner Aufschlag monatlich zu zahlen, der das erhöhte Risiko des Anbieters bei steigenden Strombezugspreisen decken soll, die der Anbieter eventuell in nächster Zeit zu tragen hat und die er nicht über eine Erhöhung der Strompreise an seine (gebundenen) Kunden weitergeben kann. Man zahlt also quasi eine monatliche Wettgebühr auf nicht steigende Strompreise.

Ökotarif

Seit der Deregulierung 1998 gibt es immer mehr spezialisierte Anbieter oder spezielle Sondertarife der etablierten Anbieter, die in diesem Tarif zusichern, den Verbrauch ausschließlich mit Ökostrom zu bedienen. In diesem Zusammenhang ist Ökostrom immer eine Mischung zwischen einem regenerativ erzeugten Stromanteil (mit Wasserkraftwerken, Windturbinen oder Biomassekraftwerken) und einem in Kraft-Wärme-Kopplungs-Anlagen erzeugten Anteil. Die Art der Tarifstruktur entspricht dann in der Regel dem Standardtarif, die Höhe des Tarifs wird sich natürlich aber unterscheiden, weil der Anbieter andere Energiebezugskosten zugrunde legen muss.

Zusätzlich wird bei einigen Anbietern auch noch ein Aufschlag pro Kilowattstunde berechnet, der für Investitionen in neue, regenerative Stromerzeugungsanlagen ausgegeben werden soll (z. B. in Fotovoltaikanlagen). Dies bieten auch kleinere Stadtwerke oder Gemeindewerke schon an, die mit diesem »Ökopfennig« lokale Fotovoltaikinvestitionen unterstützen wollen.

Tarifoption	Vorteile	Nachteile
Standardtarif	+ etabliert + leicht nachvollziehbar	- keine Preisdifferenzierung in Abhängigkeit vom Verbrauchsverhalten
Kombitarif	+ etabliert + leicht nachvollziehbar + leichte Preisdifferenzierung entsprechend dem Verbrauchsverhalten	- benötigt 2-Tarifmessung - unterstützt unökologische Nachtspeizerheizungen - erfordert Verhaltensänderung
Zeittarif	+ hohe Differenzierung und damit Optimierung der Gesamtkosten möglich	- benötigt Mehr-Tarifmessung - selten angeboten - erfordert Verhaltensänderungen
Pakettarif	+ leicht nachvollziehbar	- Zahlung im Voraus, Risiko bei Insolvenz - Keine Flexibilität - erhöhter Preis bei Mehrverbrauch - erhöhter spezifischer Preis bei Minderverbrauch
Mengentarif	+ rabattiert Mehrverbrauch + kann günstiger sein als Standardtarif	- initiiert kein verbrauchsoptimiertes Verhalten
Längere Vertragslaufzeit	+ stabiler Strompreis für 2-3 Jahre + kein permanter Informationsbedarf über die Preisentwicklungen	- Aufgabe einer Wechselflexibilität - Höhere Abhängigkeit von einem Anbieter
Ökotarif	+ adressiert ökologisch sinnvolles Verhalten + initiiert u.U. Investitionen in weitere neue regenerative Anlagen + steigert Druck auf konventionelle fossile oder nukleare Energieerzeuger	- je nach Anbieter wird sowieso erzeugter Strom nur "umgelabelt" - teurer als Egalstrom

Bild 3.7 Übersicht verschiedener Tarifsysteme mit Vor- und Nachteilen.

Steht man jetzt vor der Entscheidung, welchen Tarif man wählen soll, sollte man sich zunächst klarmachen, zu welchem »Typ von Mensch« man sich selbst zählt (das ist eine sogenannte psychografische Segmentierung).

Typ 1 – Öko
Bin ich ein Verbraucher, der sehr viel Wert auf eine ökologisch ausgewogene Lebensweise legt?

Typ 2 – Billig
Bin ich ein Verbraucher, dem es vor allem darum geht, möglichst billig zu leben?

Typ 3 – Risikoarm
Oder lege ich als Stromverbraucher vor allem Wert darauf, dass das Unternehmen, das mir den Strom liefert, bekannt und zuverlässig ist?

Die nachstehende Grafik versucht, eine Empfehlung zu geben, welcher Tarif im Prinzip am besten für welchen Verbraucher geeignet ist. Und zwar im Hinblick auf die skizzierten Haushaltstypen und auf die Haushaltsgröße. Versuchen Sie, sich dort selbst wiederzufinden.

Tarifoption	Konsum-Typ			Haushaltsgröße				
	☼ Typ 1 - Öko	€ Typ 2 - Billig	§ Typ 3 - Risikoarm	1 – 1 Person	2 – 2 Personen	3 – 3 Personen	4 – 4 Personen	>4 – Mehr als 4 Personen
Standardtarif			X	X	X	X	X	X
Kombitarif		X	X	X	X	X		
Zeittarif		X		X	X			
Pakettarif		X		X	X			
Mengentarif		X				X	X	X
Längere Laufzeit		X	X			X	X	X
Ökotarif - neuer Anbieter	X			X	X	X	X	X
Ökotarif - Grundversorger			X	X	X	X	X	X

Bild 3.8 Haushaltstyp und -größe: Welcher Tarif empfiehlt sich?

4 Hebel der Haushaltskunden

Es geht in diesem Buch um Wege, die eigenen Stromkosten zu reduzieren. Dies kann über den Preis pro Kilowattstunde erfolgen (weitere Details lesen Sie in Kapitel 4.2 *Lieferantenwechsel*) oder eben über die Anzahl der Kilowattstunden, die Sie benötigen. Also über Effizienz und Einsparungen. Dies soll in diesem Abschnitt etwas näher beleuchtet werden, ohne allzu sehr auf Details einzugehen. Dazu sei auf andere Quellen verwiesen (z. B. [Dank2006]).

4.1 Sparen und Effizienz

Beide Wege erzeugen übrigens einen Druck auf die etablierten Energielieferanten und tragen zu größerem Wettbewerb bei.

Was liegt also näher, als einfach weniger Strom zu verbrauchen, um weniger zu bezahlen? Ja, auch das ist fast genauso einfach, wie der Wechsel zu einem preiswerteren Stromlieferanten. Es erfordert eigentlich nur ein wenig Aufmerksamkeit, Bewusstsein und Zielstrebigkeit.

Schritt 1: Machen Sie sich Ihren Stromverbrauch klar

Dies erfolgt grob durch einen einfachen Blick auf die letzten drei Stromrechnungen, auf denen jeweils der Jahresverbrauch dokumentiert ist. Falls sich innerhalb dieser drei Jahre wesentliche Änderungen ergeben haben, sollten Sie sich überlegen, welche neuen Geräte Sie angeschafft haben oder welche Verhaltensänderungen in den letzten drei Jahren Änderungen um mehr als 5 % bewirkt haben könnten.

Schritt 2: Verstehen Sie Ihren Stromverbrauch

Im Prinzip lässt sich der Stromverbrauch auf die folgenden Segmente prozentual aufteilen:

- Licht ca. 15 %
- Unterhaltung (Fernseher, Musik, PC) ca. 20 bis 30 %
- Kochen ca. 15 bis 20 %
- Waschen ca. 5 % bis 10 %
- Kühlschrank ca. 10 % bis 15 %
- Spülmaschine ca. 10 %

Und dann bleibt auch noch ein Rest, der alles Mögliche umfasst: Haushaltskleingeräte wie Kaffeemaschine, Bügeleisen, Telefon und Ladegeräte diverser Kleingeräte (Mobiltelefon, PDA, Navigationsgeräte, DSL-Set-top-Boxen usw.). Die genaue Verteilung hängt von der Größe und Ausstattung eines individuellen Haushalts ab. In nachstehender Grafik sind die Aufteilung und das Einsparpotenzial beispielhaft für einen 4-Personen-Haushalt wiedergegeben.

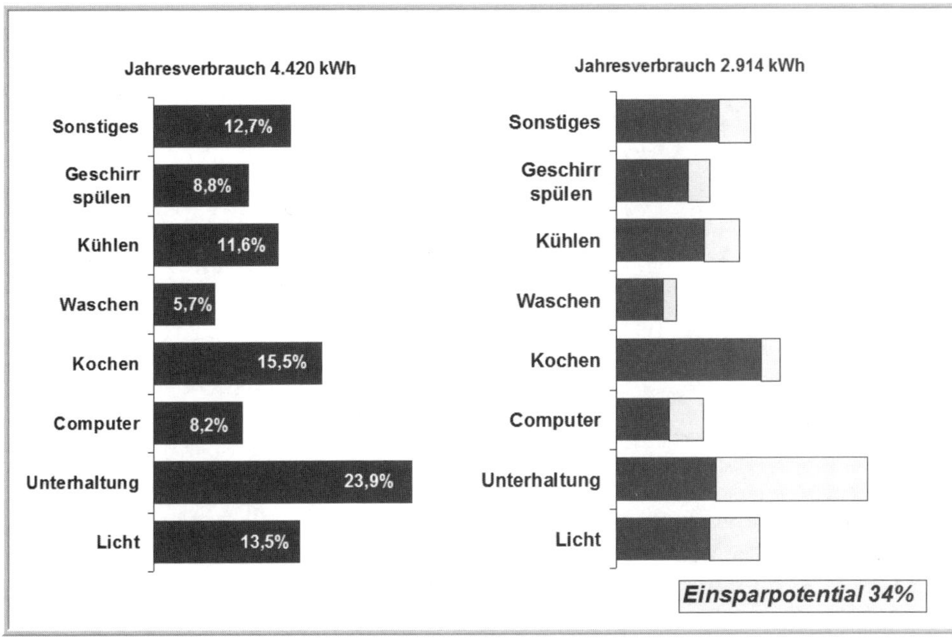

Bild 4.1 Jährlicher Stromverbrauch in einem 4-Personen-Haushalt mit möglichen Einsparpotenzialen (Quelle [DANK2006]).

Schritt 3: Optimieren Sie Ihren Verbrauch wenigstens auf fünf Feldern

Diese fünf Felder, um den Verbrauch zu optimieren, sind in den nachstehenden Abbildungen detailliert erklärt. Dadurch können Sie Ihren Stromverbrauch und damit auch Ihre Stromkosten um ca. 20 % reduzieren. Das ist deutlich mehr, als Sie durch einen Wechsel des Stromanbieters erreichen, bei dem Sie etwa maximal 5 % (z. B. Yello: 1 Cent pro Kilowattstunde bei durchschnittlichen Kosten von etwa 21 Cent im Jahr 2007) einsparen können. Es ist natürlich etwas anstrengender, lohnt sich aber in jedem Fall: für Ihren Geldbeutel, für unsere Umwelt und für unsere Zukunft.

① Stand-by aus dem Haushalt entfernen

Gerät	Normalbetrieb			
	Leistung	Betriebs-Stunden	Jahres-strom-verbrauch*	Normallauf-kosten**
	[W]	[h/Tag]	[kWh/a]	[Euro/a]
Fernseher	60	5	101	18
Video	50	1	17	3
DVD-Spieler	12	0,5	2	0,4
Hifi-Anlage	40	2	27	5
Mittelklasse-PC	130	2	87	16
TFT Display	40	2	27	5
Tintenstrahldrucker	25	1	8	2
Handyladeschale	5	0,5	1	0,2
Summe in Euro				***48***

Gerät	Leerlauf (stand-by)			
	Leistung	Betriebs-Stunden	Jahres-strom-verbrauch*	Leerlauf-kosten*
	[W]	[h/Tag]	[kWh/a]	[Euro/a]
Fernseher	12	19	85	15
Video	15	23	126	23
DVD-Spieler	2,5	23,5	21	4
Hifi-Anlage	12	22	97	17
Mittelklasse-PC	3,6	22	29	5
TFT-Display	3,6	22	29	5
Tintenstrahldrucker	2,5	23	21	4
Handyladeschale	5	23,5	43	8
Summe in Euro				***81***

Maßnahmen

- Schaltbare Steckerleisten PC-Umgebung, Fernseher, Hi-Fi
- Ladegeräte immer sofort entfernen
- Bei Kauf auf Stand-by achten (Toaster!, Waschmaschine!)
- Nach Standby-Verbrauch fragen!!!

Wirkung

› Je nach Ausstattung und Geräte-ineffizienz bis zu 200 € pro Jahr geringere Kosten

› Zwei Kernkraftwerke könnten komplett abgeschaltet werden!

Bild 4.2 Eliminierung des Stand-by-Betriebs aus dem Haushalt.

② Heizungspumpe / Zirkulationspumpe erneuern

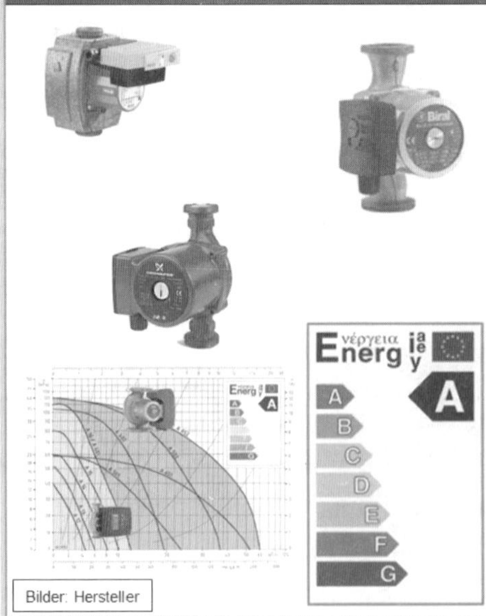

Bilder: Hersteller

Maßnahmen

- Austausch der eingebauten asynchronmotorgetriebenen Heizungspumpe durch eine synchronmotor-getriebene Pumpe
- Zeitschaltuhr für die Zirkulationspumpe

Wirkung

› Direkte Strom- und Kosteneinsparung von bis zu 100 Euro pro Jahr

› 80 % weniger Stromverbrauch

› Amortisierung nach < 2 Jahre!

Bild 4.3 Erneuerung der Heizungs- und Zirkulationspumpe.

3 Energiesparlampen einsetzen

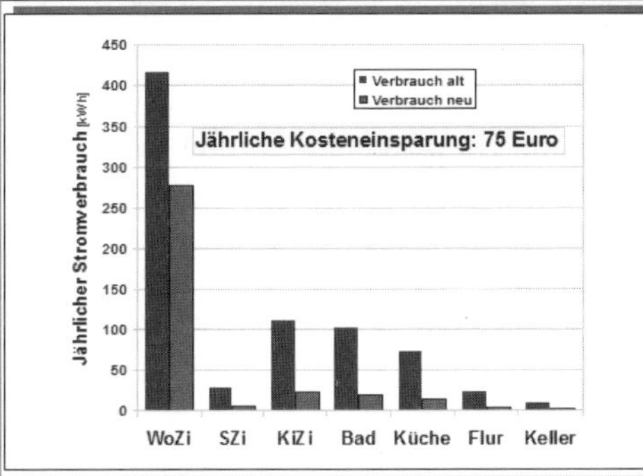

Lichtfarbe	Wo?		
extra-warmweiß	*gemütliche Wohn-situation*	neutralweiß	*sachliche Arbeits-situation*
warmweiß	WoZi SchlafZi KiZi	tageslichtweiß	ArbeitsZi Büro Küche Bad Keller

Maßnahmen

- Flur, Kinderzimmer, Küche, Bad: Energiesparlampen
- Keller: Leuchtstoffröhren
- Auf gute Qualität achten (Lichtfarbe!)
- Genügend Lichtleistung nehmen!

Wirkung

› Leuchten statt glühen
› Druck auf Leuchtendesigner
› Einsparungen ohne Qualitätsverlust bis zu 50 % möglich

Bild 4.4 Austausch von Glühbirnen gegen Energiesparlampen.

4 Koch-/Warmwasser optimieren

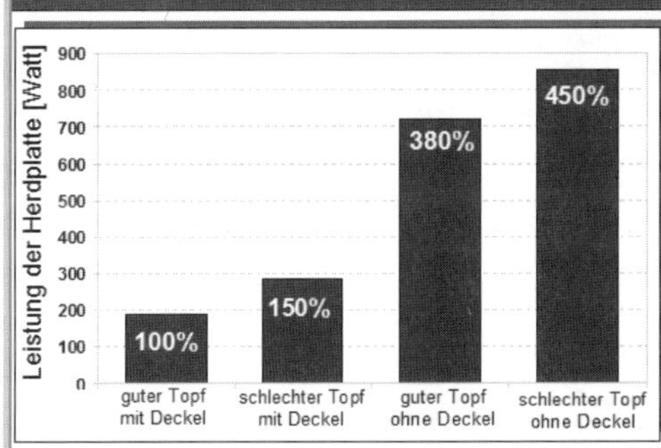

Waschgang Beispiel für eine sparsame Maschine	Verbrauch in %	Verbrauch [kWh]
30 Grad	33%	0,3
40 Grad	44%	0,4
40 Grad bunt	56%	0,5
60 Grad Normalprogramm, ohne Vorwäsche	100%	0,9
90 Grad ohne Vorwäsche	178%	1,6
90 Grad mit Vorwäsche	206%	1,85

Maßnahmen

- Wasserkocher kaufen
- Wassermenge optimieren
- Deckelkochen ohne zu sprudeln
- Volle Spül- und Waschmaschinen
- Waschtemperatur in der Regel bei 30 bis 40 °C

Wirkung

› Einsparungen bis zu 15 % vom Gesamtstromverbrauch
› Reduktion der Restfeuchte in der Wohnungsluft

Bild 4.5 Optimierung des Warmwasserbedarfs.

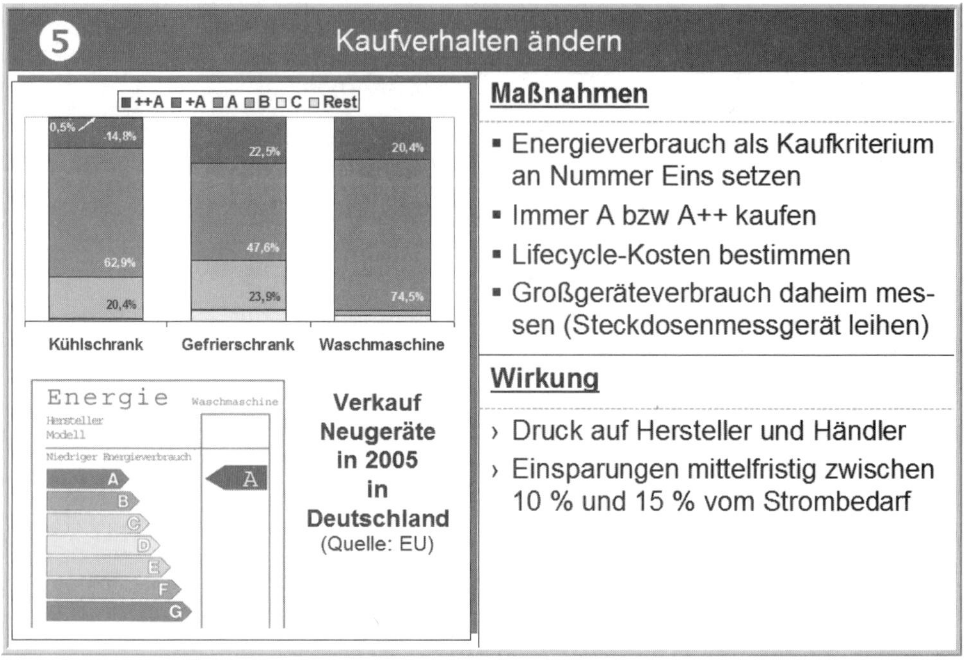

Bild 4.6 Anschaffung energieeffizienter Großgeräte.

4.2 Lieferantenwechsel

Aufgrund der zunehmenden Dynamik und beeinflusst durch diverse aktuelle Kampagnen von Verbraucherverbänden und entsprechend kritischer Berichterstattung in den Medien, wird an vielen Stellen beschrieben, wie ein Stromanbieterwechsel vorgenommen werden kann und was beachtet werden sollte.

Wie geht man beim Stromanbieterwechsel vor?

Schritt 1
Rechnen Sie sich zunächst Ihren jährlichen Stromverbrauch und die dadurch entstehenden Kosten aus. Das geschieht am besten durch einen schnellen Blick auf die letzte Stromrechnung.

Schritt 2
Vergleichen Sie Ihre Kosten bei Ihrem Verbrauch mit den möglichen Kosten bei anderen Anbietern. Dies geschieht am einfachsten in einem relativ unabhängigen Stromvergleichsportal im Internet.

Schritt 3

Klären Sie mit Ihrem augenblicklichen Anbieter, welche alternativen Tarifmodelle er anbietet. In der Regel ist jeder mit seinem Anbieter eigentlich recht zufrieden, warum also eigentlich wechseln? Preis? Ökologie? Das muss man sich genau anschauen. Auch viele lokale Stadtwerke bieten preiswertere Tarife oder auch Ökostrom (oder vermeintlichen Ökostrom) an.

Schritt 4

Entscheiden Sie sich für einen Anbieter. Gehen Sie dann am besten auf das Internetportal des Anbieters, dort erhalten Sie in der Regel ein Antragsformular zum Download für einen Wechsel zum neuen Anbieter. Teilen Sie dem neuen Versorger den Namen des bestehenden Versorgers mit, Ihre Zählernummer, Ihre alte Kundennummer sowie den letzten Jahresverbrauch. Alle diese Daten finden Sie auf Ihrer letzten Stromrechnung. Der neue Stromanbieter regelt alles Weitere. Neue Stromzähler sind nicht nötig. Die gehören in der Regel auch dem Unternehmen, das Ihren Netzanschluss verantwortet. Füllen Sie das Wechselformular aus und schicken Sie es ab.

Schritt 5

Warten Sie, bis sich der neue Anbieter mit der Bestätigung des Vertragsabschlusses und des Lieferbeginns meldet. Üblicherweise wird auch um eine Einzugsermächtigung für die Abschlagszahlungen direkt von Ihrem Konto gebeten. Falls Sie das nicht wünschen, sollten Sie sich vorher erkundigen, ob der neue Anbieter auch alternative Zahlungsmodalitäten zulässt.

Schritt 6

Die Abschlussrechnung und eine Bestätigung der Kündigung schickt Ihnen der alte Stromanbieter zu. Damit ist dieses Vertragsverhältnis beendet. Und das war es auch schon.

Bild 4.7 Schritte zum neuen Stromanbieter.

Worauf ist zu achten, bevor der Vertrag geschlossen wird?

Prüfen Sie den Vertrag grundsätzlich sehr sorgfältig, bevor Sie unterschreiben!

1. Bevor Sie einen Vertrag mit Ihrem neuen Stromanbieter unterschreiben, sollten Sie – wie bei jedem anderen Vertrag auch – das Kleingedruckte beachten. Dort steht oft genug das drin, was später gerne bereut wird, wie zum Beispiel eine zu lange Vertragslaufzeit.

2. Achten Sie darauf, dass die angegebenen Preise Endpreise sind, also alle Steuern enthalten, sodass auf Sie keine weiteren Kosten mehr zukommen.

3. Achten Sie auf eine möglichst kurze Mindestlaufzeit. Derzeit entwickelt sich der Strommarkt wesentlich rasanter als noch vor einem halben Jahr. Daher sollten Sie keine Laufzeiten von über einem Jahr akzeptieren, sondern eher auf kürzere Mindestlaufzeiten von drei bis sechs Monaten Wert legen. Allerdings erhöht ein häufiger Wechsel die Summe aller Transaktionskosten und wirkt preistreibend.

4. Das übliche Verfahren ist, dass Sie Ihrem neuen Anbieter eine Vollmacht zur Kündigung Ihres alten Anbietervertrags erteilen. Das ist für Sie bequem und völlig in Ordnung. Kündigen Sie auf keinen Fall selbst! Denn sollten Sie bis zum Auslaufen Ihres Vertrags keinen neuen Stromanbieter gefunden haben, müssen Sie einen neuen – zumeist teureren und längerfristigen – Vertrag mit Ihrem Regional- bzw. Kommunalversorger abschließen. Kündigt hingegen Ihr neuer Anbieter für Sie, wird die Umstellung dann vorgenommen, wenn die Vertragsübergabe vom alten zum neuen Anbieter vollzogen werden kann. Für Sie also völlig ohne Risiko.

5. Angesichts der derzeitigen Wechseldynamik wird in Ihrem neuen Vertrag kein voraussichtlicher Liefertermin angegeben sein. Ihr neuer Anbieter wird eine Umstelldauer von bis zu 6 bis 8 Wochen unverbindlich erwähnen. Das liegt vor allem daran, dass sich die Verhandlungen zwischen den Netzbetreibern und den neuen Anbietern zum Teil wochenlang hinziehen können, vor allem, wenn Ihr neuer Anbieter noch keine entsprechenden Verträge mit dem lokalen Anbieter vereinbart hat.

6. Falls eine mögliche Anmelde- oder Wechselgebühr von Ihrem neuen Anbieter zur Abdeckung der entsprechenden Aufwendung für die Umstellung in Rechnung gestellt wird, sollte diese erst bei Lieferbeginn von Ihrem neuen Anbieter eingezogen werden. Ihr alter Anbieter darf eigentlich keine Abschlussforderungen an Sie stellen – alle Zahlungen für Durchleitung oder Netznutzung übernimmt Ihr neuer Anbieter.

Bild 4.8 Deckblatt einer aktuellen PDF-Broschüre der Verbraucherzentrale.

5 Die Rechtslage

Das wichtigste Gesetz im Energiebereich ist das **En**ergie**w**irtschafts**g**esetz (EnWG), das im Jahr 2005 umfassend novelliert wurde. Im EnWG wird die leitungsgebundene Energieversorgung behandelt und es ist damit auch wesentlich für unsere Stromversorgung. Die drei zentralen Ziele, die mit dem Energiewirtschaftsgesetz verfolgt werden, sind die Sicherheit, Preisgünstigkeit und Umweltverträglichkeit der leitungsgebundenen Energieversorgung. Dazu werden ausdrücklich noch die Ziele Verbraucherfreundlichkeit und Effizienz genannt.

Das hört sich für uns Verbraucher erst mal gar nicht so schlecht an. Wer ein bisschen in unserem Energiemarkt zurückblickt, der wird sich erinnern, dass, ähnlich wie bei der Telekommunikation früher, nur wenige Anbieter auf dem Markt unterwegs waren und dass uns daheim sogar nur ein Anbieter den Strom lieferte. Das war natürlich bequem, zuverlässig und einfach und absolut übersichtlich. Einmal im Jahr ärgerte man sich über die zu hohe Stromrechnung – wir haben uns allerdings mehr um den Preis als den Verbrauch gekümmert. Aber Ärger herunterschlucken, in der Kneipe mit Freunden vielleicht noch ein wenig lamentieren: Das war's.

Diesen Zustand hat das Energiewirtschaftsgesetz tiefgreifend geändert. Hauptschwerpunkt dieses Gesetzes war die Formulierung der Deregulierungsbedingungen, um die oben genannten Ziele zu erreichen. Es sollte damit das von der EU angestrebte Deregulierungsziel umgesetzt werden. So sind eine ganze Reihe von Paragrafen in das Gesetz geschrieben worden, die für den Energiemarkt eine Revolution bedeuteten.

Insbesondere ist der Netzzugang für viele Unternehmen geöffnet worden. Dadurch sind die etablierten Energie**v**ersorgungs**u**nternehmen (EVU) gezwungen worden, den Markt belebende Konkurrenz zuzulassen. Die Lieferanten, auch innerhalb der etablierten EVUs, mussten rechtlich aus der ursprünglichen Firma gelöst werden, um den Betrieb des Netzes und den Vertrieb bzw. die Erzeugung von Stromlieferungen zu trennen. Vertrieb und Erzeugung werden als Wettbewerbsbereiche angesehen, Netzbetrieb dagegen nicht. Volkswirtschaftlich ist der parallele Aufbau von zwei Stromversorgungsnetzen unsinnig. Die Spielregeln zur Benutzung der Infrastruktur müssen nur so gestrickt sein, dass alle Spieler (Erzeuger und Lieferanten) gleiche Chancen (und Risiken) haben.

Für uns Verbraucher ist vor allem der Teil IV des Gesetzes relevant (vgl. nachstehende Abbildung), weil er die Prinzipien der sogenannten Grundversorgung sowie der Ersatzversorgung regelt. Außerdem wird, das ist für die Transparenz unserer Stromverträge ganz wichtig, die Kennzeichnungspflicht von Stromlieferungen festgeschrieben. Es ist also nicht ein gutes Wollen der Energieversorger, dass sie uns erzählen, aus welchen Quellen ihr gelieferter Strom kam (bzw. kommt), sondern es ist der Zwang zur Transparenz durch das Gesetz.

Ein Grund mehr für sichere Versorgung

Nach dem Gesetz ist ein Grundversorger *»jeweils das Energieversorgungsunternehmen, das die meisten Haushaltskunden in einem Netzgebiet der allgemeinen Versorgung beliefert«*. Dies wurde erstmals zum 1. Juli 2006 durch den jeweiligen Betreiber des Verteilnetzes in Ihrem Netzgebiet festgestellt, also im Wesentlichen innerhalb Ihrer Gemeinde, und wird zukünftig alle drei Jahre wiederholt. Das ist deswegen wichtig zu wissen, da der Grundversorger gewisse besondere Verpflichtungen hat, die für jeden von uns relevant werden können. In der Regel wird das kommunale Unternehmen, das auch das Netz betreibt, als Grundversorger identifiziert worden sein.

Inhalt des Energiewirtschaftsgesetz (EnWG 2005)

I. Allgemeine Vorschriften	Zweck des Gesetzes, Definitionen Genehmigung und Anzeigepflichten
II. Entflechtung	Rechtliche und operationelle Entflechtung, Vertraulichkeit, buchhalterische Entflechtung, 100.000-Kunden-Grenze
III. Netzbetrieb	Aufgaben Netzbetreiber, Netzanschluss, Netzzugang, Befugnisse der Regulierungsbehörden (insbesondere der Bundesnetzagentur)
IV. Energielieferung an Letztverbraucher	Grundversorgungspflicht, Ersatzbelieferung, Mindestinhalte der Lieferverträge, Stromkennzeichnung
V. Planfeststellung / Wegenutzung	Planfeststellungsverfahren, Konzessionsverträge, Konzessionsabgaben
VI. Sicherheit der Energieversorgung	Vorratshaltung, Monitoring, Ausschreibung neuer Erzeugungskapazitäten
VII. Regulierungsbehörde	Zuständigkeiten, Behördenzusammenarbeit, Allgemeine Weisungen
VIII. Behördliches Verfahren	Verfahren vor BNetzA, Ermittlungsrechte, Rechtsmittel, Kostenerträge, Sanktionen / Bußgelder
IX. /X. Sonstige Vorschriften	Objektnetze, Übergangsvorschriften, Wasser-Konzessionsabgaben

Bild 5.1 Übersicht über die Inhalte des Energiewirtschaftsgesetzes EnWG 2005.

Es gibt nämlich eine Grundversorgungspflicht. Schauen wir wieder in das EnWG (§ 36): *»Energieversorgungsunternehmen haben für Netzgebiete, in denen sie die Grundversorgung von Haushaltskunden durchführen, allgemeine Bedingungen und allgemeine Preise für die Versorgung in Niederspannung ... öffentlich bekannt* *zu geben und im Internet zu veröffentlichen und zu diesen Bedingungen und Preisen jeden Haushaltskunden zu versorgen.«*

Die Betonung liegt ganz klar auf *jeden Haushaltskunden*, was letztendlich bedeutet, dass im Falle der Insolvenz eines Energielieferanten der Grundversorger die Versorgung übernehmen muss (und wird). Dies nennt man dann zwar Ersatzversorgung, wenn Sie keinen definierten Vertrag mit dem Grundversorger wollen, aber das sind eigentlich nur juristische Feinheiten. Unter Haushaltskunden versteht das EnWG übrigens *»Letztverbraucher, die Energie überwiegend für den Eigenverbrauch im Haushalt oder für den einen Jahresverbrauch von 10.000 kWh nicht übersteigenden Eigenverbrauch für berufliche, landwirtschaftliche oder gewerbliche Zwecke einkaufen«* (§ 3 Nr. 22 EnWG).

Natürlich ist es nicht so, dass alle Details im Gesetz zur Energiewirtschaft geregelt werden. Für die reale Implementierung wurde daher eine Reihe von weiteren Verordnungen erlassen, die die entsprechenden Details letztendlich fachlich festlegen. Dazu zählt unter anderem auch die Konzessionsabgabenverordnung, die ja zu einem Teil unseres Strompreises beiträgt, allerdings, wie bereits in *Kapitel 3.1 Herleitung des Preises* erläutert, zum finanziellen Ausgleich für die Gemeinde.

Gesetz / Verordnung	zuletzt geändert	
Energiewirtschaftsgesetz	2005	▶ Basisgesetz unserer Energieversorgung und Umsetzung des Europäischen Gemeinschaftsrechts für die leitungsgebundene Energieversorgung (Strom, Gas)
Netzzugangsverordnung für Strom	2005	▶ Regelt Zugang für Energieversorger (Strom) und Stromlieferanten
Netzentgeltverordnung für Strom	2005	▶ Regelt die Methode zur Bestimmung von Entgelten für den Netzzugang
Niederspannungsanschlußverordnung	2006	▶ Regelt den Anschluss von Letztverbrauchern an Niederspannungsnetze
Stromgrundversorgungsverordnung	2006	▶ Regelt die allgemeinen Bedingungen für die Grundversorgung und Ersatzversorgung von Haushaltskunden
Konzessionsabgabenverordnung	2006	▶ Regelt die Zulässigkeit und Bemessung von Konzessionsabgaben EVU an Gemeinden
Erneuerbare Energien Gesetz	2004	▶ Regelt die Abgabe und Vergütung von Strom aus erneuerbaren Energiequellen
Kraft-Wärme-Kopplungsgesetz	2006	▶ Regelt die Abgabe und Vergütung von Kraft-Wärme-Kopplungs-Strom
Stromsteuergesetz	2006	▶ Regelt die Anwendung und Höhe der Stromsteuer (Umsetzung der Ökosteuer)

Bild 5.2 Übersicht über die relevanten Gesetze bzw. Verordnungen zum Strom.

Weitere wichtige Details sind, dass Grundversorger eine allgemeine Veröffentlichungspflicht für Ihre Bezugs- und Tarifkonditionen haben. Die Tarife wurden übrigens bis zum 30.06.2007 durch die sogenannte BTOElt (**B**undes**t**ari**fo**rdnung **El**ek**t**rizität) geregelt. Die Tarife sind seitdem aber nicht mehr genehmigungspflichtig, was einen ersten Schub an Preiserhöhungen Mitte des Jahres 2007 auslöste.

Das EnWG sieht vor, dass die Kostenbasis für Strompreise der Bundesnetzagentur gegenüber offengelegt werden müssen. Man wird sehen, wie dies in der Praxis funktionieren wird und ob dies Einfluss auf die Höhe der Preise haben wird, wie vom Gesetzgeber beabsichtigt.

Mit wem müssen wir einen Vertrag schließen? Natürlich nur mit dem Lieferanten des Stroms und dem Betreiber des Verteilnetzes, an das wir angeschlossen sind. Die ganze Struktur, von wem letztendlich der Strom produziert und von wem wie über welche Netze transportiert wird, interessiert uns eigentlich nicht. Das regeln Verträge zwischen den einzelnen Unternehmen auf der gesamten Wertschöpfungskette. Wenn Sie also wechseln, ändern Sie nur den Stromliefervertrag bzw. dessen Vertragspartner. Ansonsten haben Sie nichts zu tun!

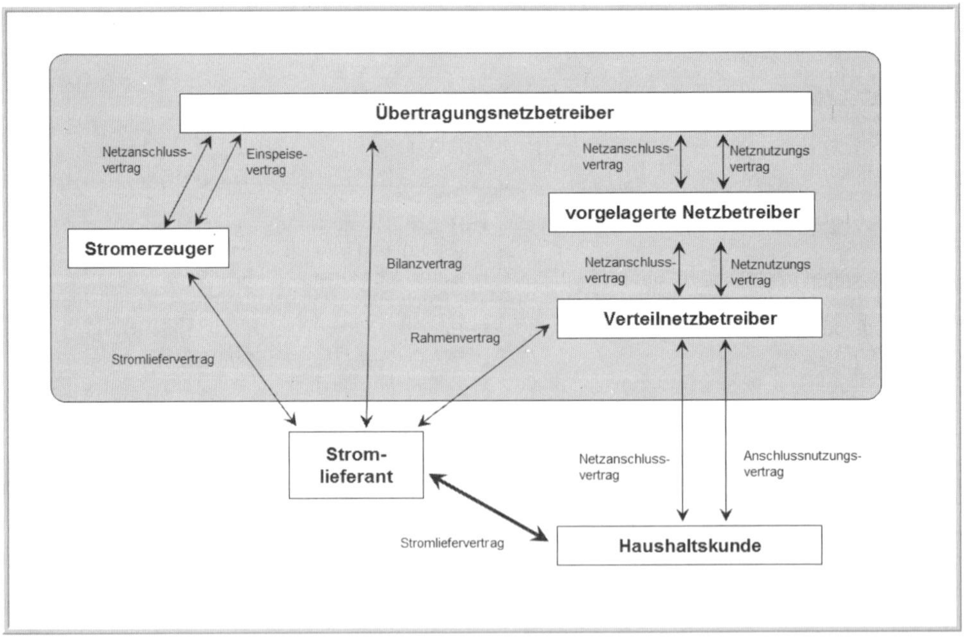

Bild 5.3 Verträge eines Haushaltskunden im Rahmen der Stromversorgung.

6 Häufig gestellte Fragen

6.1 Vor dem Wechsel

Wie gehe ich beim Wechsel konkret vor?

Die Verbraucherzentrale Baden-Württemberg beschreibt dies so:

a Sie vergleichen die Angebote verschiedener Stromversorger.

b Sie fordern vom gewünschten neuen Versorger Vertragsunterlagen an.

c Nach Prüfung der Unterlagen schicken Sie den ausgefüllten und unterzeichneten Liefervertrag an den neuen Versorger zurück. Er bekommt von Ihnen eine Vollmacht zur Kündigung des alten Vertrags mit dem bisherigen Versorger und in der Regel eine Einzugsermächtigung zum Bankeinzug der Abschlagszahlungen.

d Der neue Stromversorger übernimmt alles Weitere. Er regelt mit dem alten Versorger den notwendigen Datenaustausch und ggf. die Zählerablesung. Zur Sicherheit sollten Sie sich auch den Zählerstand am Wechseltag notieren.

e Sie erhalten vom neuen Stromversorger eine schriftliche Bestätigung über den Vertragsabschluss und den Lieferbeginn.

f Der bisherige Versorger schickt Ihnen eine Bestätigung der Kündigung und eine Schlussrechnung über den angefallenen Stromverbrauch.

Wie vergleiche ich Angebote und Preise?

Das ist im Prinzip eine Fleißaufgabe. Jeder sollte sich selbst zunächst klarmachen, wie hoch sein augenblicklicher jährlicher Stromverbrauch eigentlich ist und welchen Preis er dafür zu zahlen hat. Dies erfolgt natürlich am einfachsten durch das Studieren wenigstens der letzten Stromrechnung, auf der alle Informationen enthalten sind. Eventuell ist es auch sinnvoll, die Verbrauchsentwicklung durch Vergleich mit den Stromrechnungen der letzten drei Jahre abzuleiten.

Dann gibt es prinzipiell drei Wege: Entweder spricht man mit dem derzeitigen Stromlieferanten, ob es auch noch andere Angebote gibt (eventuell auf der entsprechenden Webseite nachschauen), oder man macht sich im Internet auf den einzelnen Seiten anderer Stromanbieter selbst schlau. Oder man schaut in eines der Strompreisvergleichsportale, auf denen in der Regel eine ungefähre Einschätzung gegeben werden kann, welche potentiellen Stromanbieter günstigere Konditionen anbieten als der augenblickliche Lieferant. Und dann muss man rechnen.

Wer übernimmt die Kündigung beim jetzigen Stromversorger?

Das macht in der Regel der neue Lieferant als Service für seine Neukunden und läuft also mehr oder weniger vollautomatisch für diesen. Allerdings ist zu beachten, dass dieser Vorgang einige Zeit in Anspruch nehmen kann. Eventuell sollte man sich daher im Vertrag ein Rücktrittsrecht einräumen lassen, wenn sich der neue Anbieter zu viel Zeit nimmt.

Wer übernimmt den Wechsel der Einzugsermächtigung?

Das macht in der Regel ebenfalls der neue Lieferant als Dienstleistung für Neukunden, dem man dazu allerdings eine Ermächtigung erteilen muss.

Mein neuer Anbieter teilt mir mit, dass er den Strom vorerst nur »beistellen« kann. Was bedeutet das?

Damit ein Stromanbieter Strom in das Zugangsnetz leiten kann, an dem Sie angeschlossen sind, muss er mit dem Zugangsnetzbetreiber und allen anderen Netzbetreibern, die zwischen der Stromproduktion und Ihnen liegen, eine Durchleitungsvereinbarung getroffen haben. In dieser werden verschiedene Punkte geregelt, beispielsweise die Netznutzungsgebühr.

Sollte keine Einigung über eine Durchleitung getroffen werden können, gibt es noch die Möglichkeit der Beistellung. Der neue Stromanbieter lässt den Strom vom Netzbetreiber vor Ort »beistellen«, leitet seinen Strom also nicht durch. Er kauft den teuren Strom vom Netzbetreiber vor Ort, um seinen eigenen Kunden in diesem Ort überhaupt Strom liefern zu können. Oftmals schreibt er damit rote Zahlen, denn er verkauft den Strom billiger, als er ihn einkauft. Aus diesem Grund können natürlich »Beistellungsverträge« nur befristet sein, bis eine endgültige Durchleitungsvereinbarung getroffen wird. Für Sie hat das aber alles keine Relevanz.

Was kann ich tun, wenn sich die Verhandlungen zwischen dem alten und meinem neuen Stromanbieter unangemessen lange hinziehen?

Sie können leider nur warten, weil Sie auf das Verhandlungsergebnis der beiden Stromanbieter bzw. des lokalen Netzbetreibers keinen Einfluss haben. Der lokale Netzbetreiber ist nach dem EnWG zu Verhandlungen verpflichtet. Es ist derzeit aber nicht verbindlich geregelt, zu welchen Bedingungen er den Strom des anderen Anbieters durchleiten muss.

Er kann sich die Durchleitung mit einem von ihm erstellten Preis, der (noch) keiner Überwachung und Regelung unterliegt, bezahlen lassen. Wann sich beide Verhandlungspartner also einigen, hängt von den Forderungen des Netzbetreibers und dem Verhandlungsgeschick des neuen Anbieters ab.

Kann mein regionaler Stromversorger die Durchleitung des Stroms des neuen Anbieters verweigern?

Nein, Ihr Regionalversorger ist durch die Verbändevereinbarung dazu verpflichtet, den Strom durchzuleiten. Auch im EnWG ist eindeutig der diskriminierungsfreie Netzzugang geregelt. Allerdings steht nicht verbindlich fest, zu welchen Bedingungen dies geschehen muss. Aus diesem Grund können sich die Verhandlungen über die Durchleitungsbedingungen hinziehen, durchgeleitet werden muss der Strom aber in jedem Fall.

Wer hilft mir, wenn ich keinen Internetzugang habe?

Informationen erhalten Sie in den Beratungsstellen Ihrer Verbraucherzentrale. Hier erhalten Sie Unterlagen zum Stromanbieterwechsel und Unterstützung beim Wechsel. Auch die Stiftung Warentest veröffentlicht regelmäßig Listen mit den günstigsten bundesweiten und regionalen Anbietern und nennt die günstigsten Ökostromanbieter.

Wie funktioniert der Wechsel bei einem Zweitarifzähler (Tag- und Nachtstromzähler)?

Gerade in Großstädten mit vielen älteren Häusern wird noch mit Nachtstrom geheizt. Für Nachtstrombezieher muss festgestellt werden, dass ein Wechsel mangels Angebots so gut wie ausgeschlossen ist. Nach einem Wechsel wird in der Regel nicht mehr zwischen Tag- und Nachtstrom unterschieden, es gilt rund um die Uhr der vereinbarte Preis, was für Heizstromkunden überhaupt nicht lukrativ ist.

Ist ein Anbieterwechsel bei Wärmepumpen möglich?

Nur Grundversorger bieten im Moment günstige Sondertarife für Wärmepumpen an. Also ist der Wechsel auch hier im Prinzip derzeit nicht sinnvoll.

6.2 Stromrechner im Internet

Finde ich mit einem Stromrechner im Internet den für mich günstigsten Tarif?

Das ist nicht eindeutig zu beantworten. Die im Internet veröffentlichten Vergleichstabellen geben einen guten Überblick, es ist aber nicht klar, wie aktuell die jeweiligen Tarife sind. Plausibel erscheint, dass Preissenkungen von den Energieanbietern jeweils relativ schnell an die einzelnen Stromrechner übermittelt werden, Preiserhöhungen jedoch mit einer zeitlichen Verzögerung.

Arbeiten die Stromrechner im Internet unabhängig?

Das ist eine gute Frage. Im Internet überleben kann nur eine Firma mit einer entsprechenden Geschäftsidee, die Einnahmen verspricht. Auch Informationsdienste, die für Interessenten kostenfrei sind, wollen natürlich Einnahmen erzielen. So hat zum Beispiel Verivox, der Marktführer unter den Internet-basierten Stromrechnerportalen, im Jahr 2006 56 Millionen Euro Umsatz gemacht [ZEIT09071]. Wie kann das sein, wenn der Dienst für Interessenten kostenlos ist? Nun, Vergleichstabellen von Verivox werden in vielen Zeitungen wie auch im Fernsehen und anderen Medien zitiert. So klingelt dann regelmäßig die Kasse von Verivox. Auch werben Stromanbieter auf den Portalen für einen Anbieterwechsel. Kommt es über diese Anzeige zum Wechsel, dann kassiert der Portalbetreiber eine Provision. Soweit zur Unabhängigkeit der Stromportale.

Sind die Daten in Internetstromrechnern aktuell?

Die Aktualität von Daten hängt immer davon ab, welchen Aufwand man bei der Aktualisierung betreibt. Am einfachsten ist es natürlich (für den Portalanbieter), wenn die Stromlieferanten bei Preisänderungen diese immer unverzüglich automatisch an die Stromrechnerportale übermitteln. Aber liegt die Unverzüglichkeit im Interesse der Stromlieferanten? Bei Preissenkungen sicherlich, das macht sie für Neukunden attraktiver, bei Preiserhöhungen jedoch ist es eigentlich nicht unbedingt zu erwarten, dass die Preisänderungen sofort mitgeteilt werden. Dies ist natürlich schlecht belegbar, es gibt aber entsprechende Hinweise dazu (siehe [ZEIT09071]).

6.3 Was ganz allgemein interessiert

Von welchen Anbietern können Verbraucher Strom beziehen?

Seit Beginn der Deregulierung im Strommarkt 1998 sind etliche neue Stromanbieter am Markt erschienen (und auch schon wieder verschwunden), zum Teil durch Ausgründungen bestehender Organisationseinheiten von etablierten Energieversorgern, zum Teil durch Neugründungen, zum Teil aber auch durch völlig Fremde, die in diesem Markt Erfolgschancen sehen (z. B. LichtBlick in Hamburg). Die Belieferung von Endkunden steht im Prinzip jedem Unternehmen offen. Die Aufnahme der Tätigkeit muss lediglich den Regulierungsbehörden angezeigt werden. Diese können einem Unternehmen nach dem Energiewirtschaftsgesetz »*die Ausübung der Tätigkeit jederzeit ganz oder teilweise untersagen, wenn die personelle, technische oder wirtschaftliche Leistungsfähigkeit oder Zuverlässigkeit nicht gewährleistet ist«*. Auf den Internetseiten der Regulierungsbehörde ist eine Liste der angezeigten Unternehmen veröffentlicht (z. B. *www.dena.de*).

Welche Punkte zeichnen einen guten Stromversorger noch aus?

Auch Serviceleistungen wie gute Erreichbarkeit, prompte Erledigung von Reklamationen oder Förderprogramme zur Stromeinsparung sind wesentlich für die Qualität des Stromanbieters. Gerade die Erreichbarkeit mancher kleiner Anbieter hat Ende 2007 aufgrund der hohen Wechseldynamik etwas gelitten.

Was ist eigentlich ein Grundversorger?

Grundversorger ist nach dem Energiewirtschaftsgesetz EnWG »*jeweils das Energieversorgungsunternehmen, das die meisten Haushaltskunden in einem Netzgebiet der allgemeinen Versorgung beliefert.*« Nach heutigen Gewohnheiten wird es in der Regel das kommunale Stadtwerk oder ein Regionalversorger sein. Der Grundversorger wird alle drei Jahre durch den lokalen Netzbetreiber festgestellt, also durch das Unternehmen, das die Netzinfrastruktur in der lokalen Versorgung betreibt. In der Regel ist dieses heute identisch mit dem Grundversorger, da diese Unternehmen oft noch nicht entflochten worden sind, wenn sie weniger als 100.000 Kunden betreuen.

Muss ein Stromanbieter eine Lizenz haben?

Ja natürlich, die Bundesnetzagentur in Bonn prüft, ob eine interessierte Firma als Stromanbieter auf dem Markt aktiv werden darf. In diesem Zusammenhang wird vor allem festgestellt, ob die entsprechende Firma wirtschaftlich in der Lage ist und eine gewisse Zuverlässigkeit im Geschäftsgebaren hat, Stromlieferant zu werden. Über die Preishöhe sagt dies überhaupt nichts aus.

Betrifft mich die Stromdurchleitung?

Ja und nein. Ohne Stromdurchleitung durch ein bestehendes Stromnetz könnte ein neuer Anbieter keinen Strom in Ihren Haushalt liefern. Darunter versteht man Folgendes: Wenn Sie Ihren Stromanbieter wechseln, muss Ihr neuer Anbieter seinen Strom zu Ihnen »durchleiten«, weil er natürlich kein neues Stromnetz zu Ihnen bauen möchte. Dazu muss er also das vorhandene Netz benutzen und eine entsprechende Durchleitungsvereinbarung mit Ihrem lokalen Netzbetreiber, vermutlich Ihrem alten Anbieter, schließen. Ihr alter Anbieter kann eine Netznutzungsgebühr verlangen, die Höhe ist nicht einheitlich festgelegt. Kommt ein solcher Vertrag nicht zustande, könnten Sie keinen Strom von Ihrem neuen Anbieter beziehen.

Die deutschen Netzbetreiber sind jedoch nach EnWG dazu verpflichtet, Strom von anderen Anbietern durchzuleiten (Netzzugang). Wettbewerb tut immer weh, und oft können Einigungen erst nach zähen Verhandlungen getroffen werden, weil etwa die verlangten Netznutzungsentgelte zu hoch sind. Als Kunde haben Sie mit dem ganzen Prozedere der Durchleitungsverhandlungen nichts zu tun. Ihr neuer Anbieter gibt Ihnen Bescheid, sobald er eine Einigung mit Ihrem alten Anbieter getroffen hat. So lange müssen Sie warten. Die gesamten Kosten trägt Ihr neuer Anbieter.

Was ist der Unterschied zwischen Netzbetreiber und Stromversorger?

Der Netzbetreiber ist gesetzlich nach EnWG für den ordnungsgemäßen, zuverlässigen und sicheren Betrieb des Stromnetzes zuständig, der Stromversorger hingegen für die Lieferung des Stroms. Häufig sind der Netzbetreiber und der Grundversorger identisch, insbesondere wenn es sich um ein Stadtwerk handelt. Sie können problemlos einen Stromanbieter ohne eigenes Verteilnetz als Lieferanten wählen. Dieser zahlt an den Netzbetreiber ein Netznutzungsentgelt.

Kostet der Wechsel etwas?

Nein, der Wechsel ist kostenlos. Wechselgebühren sind unzulässig. Aber alle Aufwendungen, die der neue Stromversorger mit einem Wechsel hat, werden natürlich in die Strombezugspreise eingerechnet. Letztlich zahlen Sie das also doch, das ist ja klar. Allerdings stehen dessen Preise mit Preisen im Wettbewerb, die nicht durch einen Wechsel belastet werden.

Was ist von Preisgarantien oder Rabatten zu halten?

Eine Preisgarantie sollte wenigstens ein Jahr gelten. Nach Ablauf ist natürlich jederzeit eine Preiserhöhung möglich. Da ein Rabatt oder Wechselbonus üblicherweise nur einmalig eingeräumt wird, sollte man sich davon nicht blenden lassen. Auch der bestehende Anbieter kann neuerdings häufig neue Tarife mit einer Preisgarantie bei längerer Vertragslaufzeit anbieten.

Wo ist der Stromzähler untergebracht?

Entweder in Ihrer Wohnung in der Nähe des Sicherungskastens, im Treppenhaus oder (vor allem bei Einfamilien- und Reihenhäusern) im Keller. Fragen Sie notfalls Ihren Vermieter, die Hausverwaltung oder den Hauswart.

Was ist bei einem Umzug zu tun?

Wenn Sie zum Umzugstag einen Stromanbieterwechsel planen, sollten Sie bereits sechs bis acht Wochen vorher einen neuen Vertrag für Ihre neue Wohnung abschließen, da jede Umstellung in der Regel einige Wochen dauert. Wird nichts unternommen, entsteht beim Einzug automatisch ein Stromliefervertrag mit dem Grundversorger zu dessen Standardtarif, der dann die sogenannte Ersatzversorgung aufnimmt. Ersatzversorgung deswegen, weil Sie mit diesem Grundversorger ja keinen Vertrag abgeschlossen haben. Den Ersatzversorgungsvertrag können Sie aber mit einer Frist von einem Monat zum Ende des Kalendermonats wieder kündigen.

Achtung: Sollten Sie bereits in Ihrer alten Wohnung über einen Sondervertrag mit anderen Kündigungsfristen beliefert worden sein, achten Sie auf die im Vertrag festgeschriebenen Kündigungsfristen. Falls Sie in eine andere Region ziehen, fragen Sie den Stromlieferanten am neuen Wohnort, wer den alten Vertrag kündigt.

Für den Wechsel werden das Einzugsdatum, die Stromzählernummer und der Zählerstand benötigt (notfalls beim Vermieter nachfragen). Der Zählerstand sollte am besten im Beisein eines Zeugen notiert werden, um die Abrechnungen später kontrollieren zu können.

6.4 Vertragliches Drumherum

Was sollte ich beim neuen Vertrag auf jeden Fall vermeiden?

Achten Sie auf kurze Vertragslaufzeiten (höchstens ein Jahr) und kurze Kündigungsfristen (ein Monat zum Ende des Kalendermonats), damit Sie im Bedarfsfall schnell wieder zu einem günstigeren Anbieter wechseln können.

Vergleichen Sie die Brutto-Endpreise, also die Preise für Haushaltskunden/Privatkunden. Die Preise müssen sämtliche Steuern und Abgaben einschließen.

Wie lang ist die Grundlaufzeit eines neuen Vertrags?

Die Verordnungen sehen keine feste Grundlaufzeit vor. Es ist empfehlenswert, sich nicht wesentlich länger als sechs Monate, höchstens aber ein Jahr vertraglich zu binden. Dann können Sie auf aktuelle Preisentwicklungen reagieren und nach Ablauf der Bindungsfrist gegebenenfalls zu einem anderen Anbieter wechseln. So kann ein richtiger Wettbewerbsdruck entstehen, der preismindernd wirken sollte. Zu häufiges Wechseln erhöht allerdings die Belastung durch die damit verbundenen Transaktionskosten. Der Markt wird die effizientesten Laufzeiten finden.

Übernimmt der neue Versorger die Kündigung des alten Vertrags?

In der Regel ja, das gehört als Kundenbindungsmaßnahme in der Werbung um neue Kunden dazu und garantiert, dass der Wechsel ohne Vertragsloch stattfindet, die Stromlieferung also nicht unterbrochen wird. Sie erteilen dem neuen Versorger per Unterschrift eine Vollmacht, dass dieser die Kündigung vornehmen kann. Wichtig ist, dass die Kündigung Ihres alten Vertrags erst dann erfolgt, wenn alle Ihre Fragen bezüglich der künftigen Stromlieferung geklärt sind.

Wie lang ist die Kündigungsfrist des bestehenden Vertrags?

Das ist natürlich abhängig vom Vertrag, üblich ist aber eine Kündigungsfrist in der Grundversorgung von einem Monat zum Ende des Kalendermonats. Bei einem Umzug können Sie den Vertrag sogar mit zweiwöchiger Frist zum Ende des Kalendermonats kündigen. Bei Sondervereinbarungen mit Ihrem bestehenden Anbieter oder einem neuen Anbieter gelten natürlich die dann vertraglich vereinbarten Fristen, die länger sein können. Achten Sie daher auf möglichst kurze Kündigungszeiten, falls Sie die Option behalten wollen, kurzfristig erneut zu wechseln.

Wie lang ist die Kündigungsfrist des neuen Vertrags?

Das ist natürlich immer individuell mit dem neuen Lieferanten zu regeln, die Kündigungsfrist sollte in Ihrem eigenen Interesse aber nicht mehr als einen Monat betragen. Hier bleibt die weitere Entwicklung abzuwarten, da beispielsweise auch im Telekommunikationsbereich, in dem die Deregulierung schon viel länger und intensiver realisiert ist, viele Schnupperangebote mit langwierigen Laufzeiten von bis zu 24 Monaten gekoppelt sind.

Wie sieht die Haftung für entstandene Schäden aus, wenn technische Probleme bei der Versorgung auftreten?

Eigentlich ist es sehr unwahrscheinlich, dass es beim Stromanbieterwechsel zu einem technischen Problem kommt, da sich technisch für Sie überhaupt nichts ändert. Sollte der neue Anbieter darauf bestehen, einen neuen, z. B. elektronischen Stromzähler einzubauen, trägt dieser auch das volle Risiko und kann für die Schäden haftbar gemacht werden.

Wie lang ist die Mindestlaufzeit eines neuen Vertrags?

Üblich sind 12 Monate, zum Teil auch 24 Monate mit einer Festpreisgarantie. Letztendlich hängt es vom einzelnen Anbieter ab, welche Vertragslaufzeiten er anbietet. Informieren Sie sich. Hier ist sehr viel in Bewegung.

Wo steht, wie lange die Kündigungsfrist für meinen alten Stromvertrag ist?

Sollten Sie noch von Ihrem traditionellen Regional- oder Kommunalversorger den Strom beziehen, so haben Sie in der Regel eine Kündigungsfrist von vier Wochen zum Monatsende, vorausgesetzt, Ihr Vertrag besteht seit mindestens einem Jahr. Wenn Sie bereits Strom mit einem besonderen Tarif Ihres Regionalversorgers beziehen, weil dieser beispielsweise günstiger ist als der sogenannte »Allgemeine Tarif«, so müssen Sie die speziellen im Vertrag hinterlegten Kündigungsfristen beachten. Diese entnehmen Sie bitte Ihrem Stromvertrag.

6.5 Ökologisch korrekter Wechsel

Ist der Ökostrom wirklich ökologisch sauber?

Ökostrom ist kein eingetragenes, geschütztes Markenzeichen. Es gibt aber eine Reihe von Labels, die eine bestimmte Qualität des Ökostroms festschreiben. In der Summe ist Ökostrom ökologisch wesentlich unbedenklicher als konventionell hergestellter Strom. Und die meisten Labels setzen auch voraus, dass wenigstens 50 % des Stroms mit diesem Label aus regenerativen Quellen stammen muss.

Und der Rest? Kann aus Kraft-Wärme-Kopplungs-Anlagen erzeugt werden. Diese laufen zwar meistens auch mit Erdgas oder Kohle, erzeugen also CO_2-Emissionen. Dennoch ist dies ökologisch wesentlich unbedenklicher, weil in diesen Kraft-Wärme-Kopplungs-Anlagen gleichzeitig Wärme erzeugt wird, die ebenfalls Verbrauchern zugute kommt (z. B. als Fernwärme für Warmwasser und Heizung, in der Regel aber auch für Ganzjahresverbraucher wie Krankenhäuser). Und für diese Wärme ist die CO_2-Miete quasi schon mit dem Strom bezahlt worden. KWK-Anlagen erreichen typischerweise einen Brennstoffausnutzungsgrad von über 80 %, wohingegen klassische Braun- oder Steinkohlenkraftwerke bei der reinen Stromerzeugung nicht über einen Brennstoffausnutzungsgrad von maximal (heute) 45 % hinauskommen. Der Durchschnitt liegt sogar bei wenig über 40 % in Deutschland (und in China, wo sehr viele kleine Kraftwerke laufen, bei unter 35 %!). KWK-Strom ist also ebenfalls ökologisch korrekt.

Ist Ökostrom komplett regenerativ erzeugt?

Ja und Nein. Alle Ökostromanbieter haben in ihrem Erzeugungsmix sowohl regenerative Quellen (Wind, Wasser, Biomasse, Fotovoltaik) als auch KWK-Strom (weitere Details siehe Frage *Ist der Ökostrom wirklich ökologisch sauber?*).

Werden beim Ökostrom wirklich keine CO_2-Emissionen ausgestoßen?

In der Regel doch! Regenerativer Strom aus Wasserkraft, Windkraft und Solarkraft wird selbstverständlich CO_2-frei erzeugt. Es gibt allerdings eine Ausnahme, die derzeit stark in der ökologischen Diskussion steht: Strom aus Biomasse. Biomasse ist eigentlich ein heimischer Energieträger (auch wenn z. B. Holzpellets abstruserweise zum Teil aus Ländern mit tropischen Urwäldern importiert werden), der für die Stromerzeugung verbrannt wird. Dabei entsteht natürlich auch Kohlendioxid. Dieses gilt aber als Treibhauseffekt-neutral, weil es beim Heranwachsen der Biomasse erst kürzlich aus der Atmosphäre gebunden wurde. Über einen gewissen Zeitraum hinweg kommt also durch die Verwendung von Biomasse kein zusätzliches CO_2 in die Atmosphäre. Allerdings stimmt das aus heutiger Sicht nicht: CO_2 wird ausgestoßen, wurde aber in der Vergangenheit gebunden. Ob es in der Zukunft wieder gebunden wird – nun, das ist die Zukunft.

Die Herstellung regenerativer Kraftwerke verbraucht aber auch Strom (und Verkehrsleistungen) und erzeugt dabei ebenfalls Kohlendoxid. Deswegen wird in Emissionsübersichten auch diesen Energieträgern eine, wenngleich auch sehr geringe CO_2-Emission zugerechnet.

KWK-Strom, der in Ökostromangeboten vieler Anbieter enthalten ist, ist zwar ökologisch höchst wünschenswert, weil die Erzeugung sehr effizient stattfindet, in der Regel werden aber fossile Brennstoffe benutzt, bei deren Verbrennung natürlich Kohlendioxid freigesetzt wird.

Investiert eigentlich ein Ökostromanbieter die Überschüsse in den Ausbau regenerativer Energien?

Bei der Ökostromversorgung muss man zwei Fälle unterscheiden. Zum einen bieten oft auch lokale Stadtwerke einen Ökostromtarif an und garantieren, dass dieser bezogene Strom aus regenerativen Quellen oder KWK-Anlagen bezogen wird. Allerdings wird in der Regel keine Garantie dafür abgegeben, ob die Erträge aus diesem Bezug auch in den Ausbau regenerativer Energien gesteckt werden. Es ist leider so, dass mit Beginn der Deregulierung 1998 viele Gemeinden Anteile ihrer Gemeindewerke oder sogar Stadtwerke an die großen, sich auf Einkaufstour befindlichen Energieversorger E.ON, RWE, Vattenfall und EnBW verkauft haben, um schnell ein paar (damals noch) D-Mark in die Gemeindekasse zu spülen. Damit ist natürlich auch der Einfluss dieser vier Großen in die Erzeugungs-, Investitions-, Gewinnverwendungs- und Einkaufspolitik der kleinen Versorger gestiegen. Folglich ist nicht garantiert, dass die Gewinne aus den Einnahmen für regenerativen Strom wirklich dessen Ausbau zugute kommen oder dass diese Finanzmittel für ganz andere Zwecke verwendet werden könnten.

Der zweite Fall sind wirkliche Alternativanbieter. Dort ist die gegebene Garantie für den Einsatz der Einnahmen viel glaubwürdiger, weil diese Anbieter natürlich von ihrem Image sehr abhängig sind. Für die Erteilung verschiedener Ökostromlabel wird dies auch explizit geprüft (*siehe Kapitel 2.5 Grüner Strom*).

Trage ich mit dem Bezug von Ökostrom wirklich zum Umbau unseres Energiesystems zu einer nachhaltigen Versorgung bei?

Diese Frage kann nicht generell eindeutig beantwortet werden. Jeder in Deutschland in regenerativen Anlagen erzeugte Strom kann nach dem Erneuerbaren-Energien-Gesetz (EEG) eine spezielle Vergütung erfahren. Solcher Strom darf dann allerdings nicht zusätzlich als Ökostrom vermarktet werden. Daher werden oftmals Stromlieferungen von Kraftwerken, die mit Wasser oder im Kraft-Wärme-Kopplungs-Modus laufen, als Ökostrom vermarktet. Ob sich durch den Bezug dieser Stromarten Investitionen in neue Anlagen ergeben, muss im Einzelfall geprüft werden. Das hängt von der Geschäftspolitik des Ökostromanbieters ab. Die verschiedenen Stromlabel wollen bei der Vergabe die jeweilige Geschäftspolitik explizit bewerten. Leider gibt es aber mehrere Zertifikate, was zu einer gewissen Unübersichtlichkeit führt und eine genaue Information des Kunden erfordert.

6.6 Nach dem Wechsel

Was mache ich, wenn beide Versorger, der alte wie der neue, von meinem Konto abbuchen?

Erteilte Lastschrifteinzugsermächtigungen lassen sich formlos kündigen und abgebuchte Beträge auch schnell wieder gutschreiben. Man muss da natürlich selbst aktiv werden und die Bank, am besten mittels eines kurzen formlosen Schreibens, mit der Rückbuchung der entsprechenden Buchungsposition beauftragen.

Was geschieht bei Insolvenz eines (neuen) Anbieters?

Wenn ein Stromversorger beim Amtsgericht einen Insolvenzantrag stellt, entscheidet der Insolvenzverwalter, ob und unter welchen Bedingungen die Geschäfte weitergeführt oder abgewickelt werden. Solange die Stromversorgung weitergeführt wird, bleibt alles beim Alten.

Sobald Sie erfahren, dass das insolvente Unternehmen die Stromversorgung einstellt, sollten Sie allerdings eine etwaige Einzugsermächtigung möglichst zeitnah widerrufen, um doppelte Zahlungen zu vermeiden. Der Strom fließt nämlich weiter, denn der örtliche Grundversorger übernimmt die Belieferung der betroffenen Kunden für maximal drei Monate (das ist die sogenannte Ersatzversorgung). In dieser Zeit können Sie beim Grundversorger in einen günstigeren Tarif wechseln oder einen Vertrag mit einem anderen Versorger abschließen.

Wie funktioniert das Ablesen des Zählers?

Dies wird regional geregelt. Entweder wird die Ablesung bei sehr modernen Zählern aus der Ferne vorgenommen oder ein lokales Unternehmen wird beauftragt, die Ablesung vor Ort vorzunehmen. Üblich ist aber, die Ablesung durch den Hausverwalter oder den Eigenheimbesitzer selbst vornehmen zu lassen und den Zählerstand dann per Postkarte oder Telefon an das abrechnende Unternehmen zu melden. Bei einem Anbieterwechsel werden Sie (oder jemand in der Hausverwaltung) »beauftragt«, die Ablesung vorzunehmen und den Zählerstand zu melden.

Kann es passieren, dass ich beim Wechsel für eine gewisse Zeit keinen Strom mehr erhalte?

Nein. Prinzipiell ist der Grundversorger in einem Versorgungsgebiet zur Lieferung an alle Haushaltskunden verpflichtet, auch an diejenigen, die keinen expliziten Liefervertrag mit einem Lieferanten abgeschlossen haben bzw. die in ein »Lieferloch« gefallen sind. Durch den Bezug des Stroms vom Grundversorger entsteht im Prinzip ein Versorgungsvertrag, dessen Bedingungen allgemein veröffentlicht sein müssen. Das schreibt das **En**ergie**w**irtschafts**g**esetz EnWG verbindlich vor. Will man allerdings partout nicht vom Grundversorger beliefert werden, muss der Ersatzversorger einspringen (dies ist nach EnWG ebenfalls das Unternehmen, das in einem Gemeindegebiet die Grundversorgung übernimmt). Übrigens wird derjenige zum Grundversorger bestimmt, der zu einem bestimmten Stichtag die meisten Haushaltskunden vertraglich beliefert, in der Regel also das lokale Energieversorgungsunternehmen.

Mit welchem Datum des Lieferbeginns kann ich rechnen?

Eigentlich wird normalerweise kein genaues Datum für den Lieferbeginn genannt, da die Versorger sich wegen des für den Vorgang des Anbieterwechsels notwendigen Datenaustauschs nicht binden wollen und die genaue Zeitdauer auch nicht bekannt ist. Der Vertrag sollte daher ein Rücktrittsrecht vorsehen, wenn die Stromlieferung nicht innerhalb einer bestimmten Frist (höchstens sechs Wochen) erfolgt. Diese sechs Wochen werden oft auch als übliche Zeitspanne in der Werbung genannt, die die Anbieter für die Durchführung des Wechsels benötigen.

Habe ich als Hauseigentümer auf besondere Dinge zu achten?

Als Hauseigentümer eines Mietshauses benötigen Sie prinzipiell einen Netzanschlussvertrag mit dem örtlichen Netzbetreiber. Damit haben Ihre Mieter überhaupt nichts zu tun so wie der Netzbetreiber auch nichts mit den Lieferantenverträgen der Mieter zu tun hat. Der Netzanschlussvertrag wird für jede Versorgungsstelle (Mietshaus) nur einmal abgeschlossen.

Als Mieter benötigen Sie keinen Netzanschlussvertrag. Eventuell ist eine Kopie für Sie selbst sinnvoll, sprechen Sie mit dem Hauseigentümer.

Werden neue Stromleitungen verlegt?

Nein, natürlich nicht. Von der Infrastruktur her ändert sich gar nichts, da der neue Lieferant mit der Infrastruktur überhaupt nichts zu tun hat. Er füllt lediglich den »Stromsee« mit dem Strom, den er über die bestehende Infrastruktur in Ihren Haushalt liefert. Infolgedessen treten auch keine Mehrkosten auf, da keine Bauarbeiten ausgeführt werden müssen.

Muss ich beim Wechsel auch den Zähler austauschen lassen?

Nein, auch das ist nicht notwendig. Der Zähler bleibt der gleiche, wie er bei Ihnen installiert ist. Sie müssen deshalb keinen neuen Zähler besorgen oder einbauen lassen.

Ich habe meinen Anbieter gewechselt und jetzt fällt der Strom aus. Wer ist zuständig?

Die meisten Gründe für einen Stromausfall sind Blitzeinschläge, Baustellenunfälle (Kabeldurchtrennungen), Trafofehler oder Probleme in den Umspannwerken. Infolgedessen ist der Stromausfall unabhängig vom Stromlieferanten, d. h. Ihr Nachbar, der vielleicht noch vom regionalen Stadtwerk den Strom bekommt, ist genau wie Sie von diesem Stromausfall betroffen. Sie werden – genau wie er – wieder Licht haben, wenn der Fehler behoben ist. Es ist also nichts anderes als bisher – und wird deshalb auch nicht häufiger (oder genauso selten) vorkommen wie bisher.

Um sicherzugehen, sollten Sie darauf achten, dass Ihr neuer Anbieter gut erreichbar ist. Dies könnte im Moment bei vielen billigen Anbietern oder auch Ökostromanbietern aufgrund der hohen Wechselrate ein Problem sein.

Bekomme ich die bereits gezahlten Abschläge von meinem vorherigen Stromlieferanten erstattet?

Ihr alter Versorger schickt Ihnen eine Schlussrechnung, mit der bereits geleistete Abschlagszahlungen gutgeschrieben und erstattet werden.

Muss ich meinen Vermieter über einen Wechsel informieren?

Sind Sie selbst Vertragspartner eines Stromliefervertrags, brauchen Sie Ihren Vermieter im Fall eines Wechsels natürlich nicht zu informieren.

Erhalten Sie die Stromrechnung von Ihrem Vermieter, zum Beispiel bei einer Warmmiete, ist dieser Vertragspartner des Stromanbieters. Sie können dann nicht den Anbieter wechseln, sondern nur Ihren Vermieter bitten, einen günstigeren Anbieter zu wählen. Ob Sie einen solchen Anspruch gegenüber Ihrem Vermieter haben, ist eine Frage des Mietrechts und noch nicht gerichtlich geklärt. Also auch hier: Wechsel im Prinzip nicht sinnvoll.

7 Stromanbieter auf dem deutschen Markt

In diesem Kapitel sollen die wichtigsten Stromanbieter auf dem deutschen Markt kurz vorgestellt werden. Wir skizzieren dazu die jeweiligen Anbieter mit den wichtigsten Kennzahlen, damit der Leser eine ungefähre Vorstellung davon bekommt, um welche Firmen es sich handelt, wie groß die Unternehmen sind, wie Besitzverhältnisse, soweit das bekannt ist, aussehen und mit welchen Angeboten die Firmen an den Markt gehen.

7.1 Wer steckt dahinter?

Es ist klar, dass die Skizzen nur ein Schnappschuss zu einem bestimmten Zeitpunkt sein können. Wir haben uns natürlich bemüht, so aktuell wie möglich zu sein. Die zugrunde liegenden Quellen waren Geschäftsberichte der großen Unternehmen, Internetauftritte sowie Medieninformationen, die in unterschiedlichen Quellen im Laufe des Jahres 2007 veröffentlicht wurden.

Besitzverhältnisse sind manchmal wichtig zu wissen, damit die Geschäftspolitik eines Unternehmens besser einzuschätzen ist. Gerade im Energiemarkt müssen wir mit oligopolistischen Strukturen leben, also mit wenigen Marktspielern, die pro Region aktiv sind. Lange Zeit war das ja auch nicht so richtig störend, wenn wir mal ehrlich sind. Alles hat ja wunderbar und automatisch und geräuschlos funktioniert.

Heute besteht aber die Abhängigkeit unserer Gesellschaft und Volkswirtschaft von moderner, leistungsfähiger Energieversorgung einerseits, auf der anderen Seite stehen die steigenden Kosten für unseren privaten Energiekonsum sowie die bedrohlich am Himmel ansteigenden Kohlendioxidemissionen mit all den prognostizierten, katastrophalen Umweltauswirkungen in naher Zukunft. Dies erfordert breiteres Wissen in der Allgemeinheit über die grundlegenden Machtverhältnisse. Und man muss gar nicht von einem Energiekartell sprechen, wie in einem letztes Jahr erschienenen Buch des Politologen Rüdiger Liedtke [RÜDLI2006], um verstehen zu wollen, warum manches nicht so läuft, wie es eigentlich beabsichtigt war, zum Beispiel einen wirklich deregulierten Strommarkt in Deutschland zu haben.

Oder machen Sie die Ergebnisse von Energiegipfeln der aktuellen Bundesregierung zufrieden, zu denen vor allem die mächtigen Energievertreter eingeladen waren, regenerative Erzeuger oder sogar Verfechter des Energieeinsparens dagegen deutlich in der Minderzahl sind? Wobei es durchaus ernst zu nehmende Publizisten gibt, die die Meinung verkünden, dass die Zeit der mächtigen Energieversorgungsunternehmen vorbei ist oder bald vorbei sein wird. Aber soweit ist es noch lange nicht, und wir wollen hier auch nicht ideologisch werden, auch wenn das Thema Energie politisch gesehen schnell eine ideologische Färbung bekommt.

Dies bekommt aber einer nüchternen Diskussion nicht. Daher hier der Versuch, wichtige Fakten zu Unternehmen um der Transparenz willen zusammenzustellen, damit jeder eher weiß, wer seine (eigentlichen) Vertragspartner sind.

Wir beginnen mit den großen Vier, skizzieren einige wichtige Erkenntnisse zu Regional- und Kommunalversorgern, beleuchten die wichtiger werdenden Ökostromanbieter und runden das Kapitel mit Skizzen zu den neuen Vertriebsfirmen ab, die sich im Auftreten den modernen Telekommunikationsanbietern ähneln. Auch darin kann man die Kongruenz der beiden wichtigen Infrastrukturmärkte Energie und Kommunikation wiederfinden.

7.2 Überregionale Verbundunternehmen

Die vier überregionalen Verbundunternehmen teilen sich das gesamte Hochspannungsübertragungsnetz sowie das Gros der Stromproduktion auf. Wir skizzieren diese vier nur sehr oberflächlich, weitere Details erschließen sich aus den ausführlichen Geschäftsberichten. Bezüglich der Beteiligungen an kommunalen Versorgern muss man beachten, dass auch die Tochtergesellschaften jeweils eigene Beteiligungen besitzen. Diese hier ebenfalls darzustellen, würde den Rahmen des Buches sprengen. Wenn Sie sich über die Anteilseigner Ihres kommunalen Stromversorgers informieren wollen, dann empfehlen wir auf den Internetseiten der regionalen Gesellschaften nach den Geschäftsberichten zu suchen. Aktiengesellschaften sind dazu verpflichtet, ihre Beteiligungen bekannt zu geben.

Die vier überregionalen Verbundunternehmen dominieren den Strommarkt: *»Zumal dem Strommarkt noch weitere Wettbewerbsbremsen eingebaut sind. Ihn dominieren vier große Spieler, E.ON, RWE, EnBW und Vattenfall. Sie verfügen über 80 Prozent der Kraftwerkskapazitäten, sie betreiben die überregionalen Netze und kassieren von jedem Konkurrenten, der auf ihre Leitungen angewiesen ist, eine Gebühr für deren Nutzung. Immerhin wird deren Höhe vom Staat gedeckelt. Doch das beeinflusst den Endpreis nur bis zu einem gewissen Grad.*

Zusätzlich besitzen die vier großen Versorger Anteile der etwa 60 regionalen Verteilerunternehmen, die ebenfalls Strom erzeugen. Die Versorgungsstruktur in Deutschland ist von einer hohen Konzentration insbesondere auf der Erzeugerstufe bestimmt, formuliert es das Statistische Bundesamt. Auch das drückt die Preise nicht gerade.« ([ZEIT08071])

RWE Energy AG

Anbieter	**RWE Energy AG**
Firmensitz	Dortmund
Firmeninhaber	Münchener Rückversicherungs-Gesellschaft AG (4,6 %) Allianz AG (4 %) andere institutionelle Anleger (44,4 %) Kommunale Aktionäre (31 %) Private Anleger (14 %) Belegschaftsaktionäre (2 %)
Adresse	RWE Energy AG Rheinlanddamm 24 44139 Dortmund Telefon : 0231 438-02 Telefax: 0231 438-3182
Internet	*www.rwe.com*

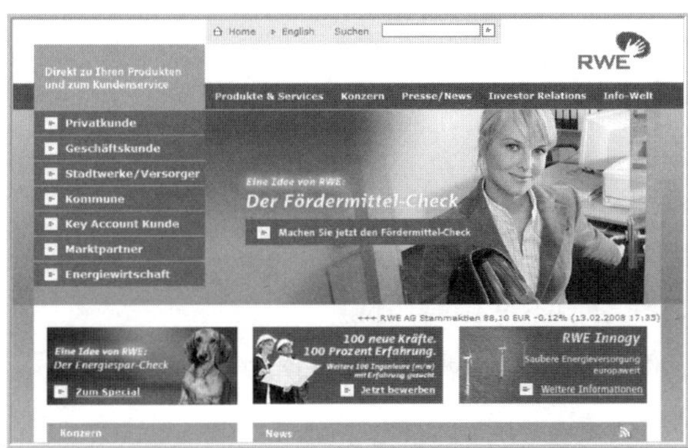

Unternehmen	Gegründet 1898, RWE Energy AG wurde in der vorliegenden Rechtsform 2003 gegründet. Aus dem Internet: RWE Energy ist die Vertriebs- und Netzgesellschaft im RWE-Konzern für Kontinentaleuropa. In insgesamt zwölf Regionen, davon sechs im Ausland, bietet RWE Energy Strom, Gas, Wasser und die damit verbundenen Dienstleistungen aus einer Hand. Kunden sind Privathaushalte, Gewerbebetriebe, Geschäfts- und Industriekunden sowie Stadtwerke und Regionalversorger.
Anzahl Kunden	15,8 Millionen (inklusive Minderheitsbeteiligungen größer/gleich 20 %)
Umsatz	28,1 Milliarden Euro (2006), Stromabsatz 158,7 Milliarden kWh
Mitarbeiter	28.400

Anbieter	**RWE Energy AG**
Tarif- und Vertriebsmodell	Je nach Regionaltochter wird ein differenziertes Tarifmodell angeboten, aber im Prinzip die übliche Bandbreite mit Grundpreis und Arbeitspreis. Beispiel: RWE Rhein-Ruhr: RWE private classic Grundversorgung, RWE Wärmepumpenstrom, RWE Wärmespeicherstrom, RWE Treuestrom Haushalt, RWE Strom Direkt Haushalt, RWE private nature.
Liefergebiet	bundesweit
Stromherkunft	Je nach Regionaltochter, Beispiel: RWE Rhein-Ruhr: Kernenergie 23 %, fossil 63 %, erneuerbar 14 %.

Direkte Beteiligungen von RWE Energy AG	
Emscher Lippe Energie GmbH, Gelsenkirchen	79,00 %
Energie- und Wasserversorgung Bonn/Rhein-Sieg GmbH	13,70 %
Energis GmbH, Saarbrücken	66,16 %
envia Mitteldeutsche Energie AG, Chemnitz	63,95 %
envia Netzservice GmbH, Chemnitz	100,00 %
envia Verteilnetz GmbH, Halle/Saale	100,00 %
eprimo GmbH	100,00 %
EWV Energie- und Wasser-Versorgung GmbH, Stolberg	53,72 %
Kernkraftwerk Gundremmingen GmbH, Gundremmingen	75,00 %
Kernkraftwerke Lippe-Ems GmbH, Lingen (Ems)	99,25 %
Koblenzer Elektrizitätswerk und Verkehrs-Aktiengesellschaft	57,50 %
Lechwerke AG, Augsburg	89,87 %
LEW Verteilnetz GmbH, Augsburg	100,00 %
rhenag Rheinische Energie Aktiengesellschaft, Köln	74,90 %
RWE Energy Aktiengesellschaft, Dortmund	100,00 %
RWE Energy Beteiligungsgesellschaft mbH, Dortmund	100,00 %
RWE Kundenservice GmbH, Bochum	100,00 %
RWE Power Aktiengesellschaft Köln, Essen	100,00 %
RWE Rhein-Ruhr Aktiengesellschaft, Essen	100,00 %
RWE Rhein-Ruhr Netzservice GmbH, Siegen	100,00 %
RWE Rhein-Ruhr Verteilnetz GmbH, Wesel	100,00 %

Direkte Beteiligungen von RWE Energy AG	
RWE Transportnetz Strom GmbH, Dortmund	100,00 %
RWE Westfalen-Weser-Ems Aktiengesellschaft, Dortmund	79,97 %
RWE Westfalen-Weser-Ems Netzservice GmbH, Dortmund	100,00 %
RWE Westfalen-Weser-Ems Verteilnetz GmbH, Recklinghausen	100,00 %
Stadtwerke Düren GmbH, Düren	74,95 %
Stadtwerke Velbert GmbH	20,00 %
Süwag Energie AG, Frankfurt/Main	77,58 %
Süwag Netz GmbH, Frankfurt/Main	100,00 %
VSE Aktiengesellschaft, Saarbrücken	69,33 %
Wuppertaler Stadtwerke AG	20,00 %

Indirekte Beteiligungen von RWE AG	
RWE Power Aktiengesellschaft Köln, Essen	
Großkraftwerk Mannheim Aktiengesellschaft, Mannheim	40,00 %
RWE Energy Aktiengesellschaft Dortmund Germany	
RWE-Veolia Berlinwasser Beteiligungs AG, Berlin	50,00 %
RWE Westfalen-Weser-Ems Aktiengesellschaft, Dortmund	
AVU Aktiengesellschaft für Versorgungs-Unternehmen, Gevelsberg	50,00 %
Dortmunder Energie- und Wasserversorgung GmbH, Dortmund	47,00 %
RWE Rhein-Ruhr Aktiengesellschaft, Essen	
Niederrheinische Versorgung und Verkehr AG, Mönchengladbach	50,00 %
RheinEnergie AG, Köln	20,00 %
Stadtwerke Duisburg AG	20,00 %
Stadtwerke Essen AG	29,00 %
envia Mitteldeutsche Energie AG, Chemnitz	
EVH GmbH, Halle/Saale	30,00 %
SpreeGas Gesellschaft für Gasversorgung und Energiedienstleistung mbH, Cottbus	33,27 %
VSE Aktiengesellschaft, Saarbrücken	
Kommunale Energie- und Wasserversorgung, Neunkirchen AG	28,55 %
Pfalzwerke Aktiengesellschaft, Ludwigshafen	26,69 %

E.ON

Anbieter	**E.ON**
Firmensitz	E.ON in Düsseldorf, E.ON Energie hat den Hauptsitz in München
Firmeninhaber	kein Mehrheitsaktionär
Adresse	E.ON Energie AG Brienner Straße 40 80333 München Telefon: 0211 4579453 Telefax: 0211 4579566 E-Mail: info@eon.com
Internet	*www.eon-energie.com*

Unternehmen	E.ON verfolgt die »Vision vom weltweit führenden Strom- und Gasunternehmen« (aus dem Geschäftsbericht 2006). Strategische Maßnahmen dazu: Schneller Anschluss neuer Kraftwerke im eigenen Versorgungsgebiet Verbesserung des internationalen Stromaustausches, dazu Ausbau der Transportkapazitäten
Unternehmen	Unterstützung der Zusammenführung der nationalen Strombörsen zu einer internationalen Börse Fokus auf Expansion in Russland, Italien, Südosteuropa und Südwesteuropa
Anzahl Kunden	ca. 7 Millionen für Strom
Umsatz	67,759 Milliarden Euro (Gesamtumsatz 2006)
Mitarbeiter	80.612 (Gesamtkonzern)
Tarif- und Vertriebsmodell	Je nach Regionaltochter wird ein differenziertes Tarifmodell angeboten, aber im Prinzip die übliche Bandbreite mit Grundpreis und Arbeitspreis.

Anbieter	E.ON
Liefergebiet	bundesweit
Stromherkunft	In Summe wurden in 2006 131,3 Milliarden kWh Strom produziert, davon 47,8 % Kernenergie, 30,3 % Steinkohle, 6,6 % Braunkohle, 6,4 % Öl, 5,6 % Wasserkraft, 3,3 % sonstige Energieträger. Dazu stammen 149,9 Milliarden kWh aus Gemeinschaftskraftwerken oder wurden von Fremden beschafft.
Regenerative Energieproduktion	7,35 Milliarden kWh (Wasserkraft)

Direkte Beteiligungen von E.ON AG	
E.ON Avacon, Helmstedt	66,9 %
E.ON Bayern AG, Regensburg	100,0 %
E.ON edis AG, Fürstenwalde	72,9 %
E.ON Energie AG, München	100,0 %
E.ON Hanse AG, Quickborn	73,8 %
E.ON IS GmbH, Hannover	100,0 %
E.ON Kernkraft GmbH, Hannover	100,0 %
E.ON Kraftwerke GmbH, Hannover	100,0 %
E.ON Mitte AG, Kassel	73,3 %
E.ON Netz GmbH, Bayreuth	100,0 %
E.ON Sales & Trading GmbH, München	100,0 %
E.ON Thüringer Energie AG, Erfurt	76,8 %
E.ON Wasserkraft GmbH, Landshut	100,0 %
E.ON Westfalen Weser AG, Paderborn	62,8 %

Indirekte Beteiligungen von E.ON AG	
E.ON Westfalen Weser AG, Paderborn	
E.ON Westfalen Weser Netz GmbH	100,0 %
GRE Gesellschaft für rationelle Energienutzung Horn-Bad Meinberg mbH	50,0 %
Stadtwerke Bad Driburg GmbH	1,1 %
Stadtwerke Detmold GmbH	12,5 %
Stadtwerke Herford GmbH	22,7 %

Indirekte Beteiligungen von E.ON AG	
Stadtwerke Hessisch Oldendorf GmbH	20,0 %
Stadtwerke Lage GmbH	45,0 %
Stadtwerke Minden GmbH	100,0 %
Stadtwerke Porta Westfalica GmbH	12,5 %
Stadtwerke Schaumburg-Lippe GmbH	15,6 %
Strom- und Gasversorgung Versmold GmbH	25,1 %
E.ON Thüringer Energie AG, Erfurt	
Eisenacher Versorgungs-Betriebe GmbH (EVB)	25,1 %
Energieversorgung Apolda GmbH	49,0 %
Energieversorgung Greiz GmbH	49,0 %
Energieversorgung Inselsberg GmbH	20,0 %
Energieversorgung Nordhausen GmbH	44,2 %
Energieversorgung Rudolstadt GmbH	23,9 %
Energiewerke Zeulenroda GmbH	49,0 %
Stadtwerke Arnstadt GmbH	44,0 %
Stadtwerke Bad Langensalza GmbH	40,0 %
Stadtwerke Eisenberg GmbH	49,0 %
Stadtwerke Gotha GmbH	48,0 %
Stadtwerke Jena-Pößneck GmbH	10,0 %
Stadtwerke Leinefelde GmbH	49,0 %
Stadtwerke Mühlhausen GmbH	23,9 %
Stadtwerke Neustadt an der Orla GmbH	20,0 %
Stadtwerke Saalfeld GmbH	16,0 %
Stadtwerke Sondershausen GmbH	23,9 %
Stadtwerke Stadtroda GmbH	24,9 %
Stadtwerke Suhl/Zella-Mehlis GmbH	44,4 %
Stadtwerke Weimar Stadtversorgungs-GmbH	39,0 %
SWE Energie GmbH	29,0 %
SWE Netz GmbH, Erfurt	29,0 %
SWE Technische Service GmbH, Erfurt	25,1 %
Technische Werke Delitzsch GmbH	25,1 %

Indirekte Beteiligungen von E.ON AG	
E.ON Hanse AG, Quickborn	
E.ON Hanse Netz GmbH	100,0 %
Energie und Wasser Wahlstedt/Bad Segeberg GmbH & Co. KG	50,1 %
Energieerzeugungswerke Geesthacht GmbH	33,4 %
Energieerzeugungswerke Helgoland GmbH	100,0 %
e-werk Reinbek-Wentorf GmbH	17,5 %
NET – Norddeutsche Energie Technik GmbH	100,0 %
NORD-direkt GmbH	100,0 %
SERVICE plus GmbH	100,0 %
Stadtwerke Bad Bramstedt GmbH	35,0 %
Stadtwerke Bredstedt GmbH	49,9 %
Stadtwerke Geesthacht GmbH	24,9 %
Stadtwerke Husum GmbH	49,9 %
Stadtwerke Leck GmbH	49,9 %
Stadtwerke Lübz GmbH	25,0 %
Stadtwerke Niebüll GmbH	49,9 %
Stadtwerke Parchim GmbH	25,2 %
Stadtwerke Tornesch GmbH	49,0 %
Stadtwerke Wittenberge GmbH	22,7 %
Stromversorgung Ahrensburg GmbH	100,0 %
SWN Stadtwerke Neumünster GmbH	24,9 %
Versorgungsbetriebe Helgoland GmbH	90,0 %
E.ON edis AG, Fürstenwalde	
e.disnatur Erneuerbare Energien GmbH	100,0 %
E.ON edis Netz GmbH	100,00 %
Stadtwerke Eberswalde GmbH	50,0 %
E.ON Bayern AG, Regensburg	
BEW Bayreuther Energie- und Wasserversorgungs-GmbH	24,90 %
Bioenergie Sechsämterland GmbH	49,00 %
E.ON Bayern Netz GmbH	100,00 %
E.ON Service Plus GmbH	100,00 %

Indirekte Beteiligungen von E.ON AG	
EBY Objekt Regensburg GmbH & Co KG	100,00 %
EKS Service Kft.	50,00 %
Elektrizitätswerk Schwandorf GmbH	100,00 %
ENACO Energieanlagen- und Kommunikationstechnik GmbH	100,00 %
Energienetze Bayern GmbH	100,00 %
Energieversorgung Alzenau GmbH (EVA)	49,99 %
Energieversorgung Buching-Trauchgau (EBT) GmbH	50,00 %
Energieversorgung Ittling AG & Co KG	66,82 %
ENSECO GmbH	97,59 %
EVG Energieversorgung Gemünden GmbH	49,00 %
EVH GmbH & Co KG	100,00 %
EZV Energie- und Service GmbH & Co. KG Untermain	28,90 %
EZV Energie- und Service Verwaltungsgesellschaft mbH	28,80 %
GHD E.ON Bayern AG & Co. KG	75,00 %
HEW HofEnergie+Wasser GmbH	19,90 %
infra fürth gmbh	19,90 %
Kraftwerk Obernburg GmbH	50,00 %
Peißenberger Kraftwerksgesellschaft mbH	50,00 %
RDE Regionale Dienstleistungen Energie GmbH & Co. KG	36,00 %
Regensburger Energie- und Wasserversorgung AG	35,48 %
Regnitzstromverwertung Aktiengesellschaft	33,33 %
Rewag Regensburger Energie- und Wasserversorgung AG & Co KG	35,48 %
SEG LiPro Energietechnik GmbH	100,00 %
Stadtwerke Bamberg Energie- und Wasserversorgungs GmbH	10,00 %
Stadtwerke Bogen GmbH	41,00 %
Stadtwerke Ebermannstadt Versorgungsbetriebe GmbH	25,00 %
Stadtwerke Eggenfelden GmbH	49,00 %
Stadtwerke Neunburg vorm Wald Strom GmbH	24,90 %
Stadtwerke Vilshofen GmbH	41,00 %
Strom Germering GmbH	90,00 %
Stromversorgung Ruhpolding GmbH	100,00 %

Indirekte Beteiligungen von E.ON AG	
SVH Stromversorgung Haar GmbH	50,00 %
SVI-Stromversorgung Ismaning GmbH	49,00 %
SWN Stadtwerke Neustadt GmbH	25,10 %
ÜE Überlandwerk Erding GmbH & Co. KG	21,10 %
ÜE Überlandwerk Erding Verwaltungsgesellschaft mbH	21,00 %
Versorgungsbetrieb Waldbüttelbrunn GmbH	49,00 %
Wasserwirtschafts- und Betriebsgesellschaft Grafenwöhr GmbH	49,00 %
Weissmainkraftwerk Röhrenhof Aktiengesellschaft	93,46 %
WVM Wärmeversorgung Maßbach GmbH	20,00 %
E.ON Mitte AG, Kassel	
E.ON Mitte Netz GmbH	100,00 %
E.ON Mitte Natur GmbH	100,00 %
Stadtwerke Gelnhausen GmbH	100,00 %
Stadtwerke Göttingen AG	48,90 %
E.ON Avacon, Helmstedt	
E.ON Avacon Netz GmbH, Braunschweig	100,00 %
Energie-Agentur Weyhe GmbH (EAW)	50,00 %
Energienetze Braunschweig GmbH	49,00 %
Energieversorgung Sehnde GmbH	30,00 %
Energiewerke Isernhagen GmbH	49,00 %
HSN Magdeburg GmbH	74,90 %
LandE GmbH, Wolfsburg-Fallersleben	69,57 %
Städtische Werke Magdeburg GmbH	2,67 %
Stadtwerke Blankenburg GmbH	30,00 %
Stadtwerke Böhmetal GmbH, Walsrode	19,90 %
Stadtwerke Burgdorf GmbH	49,00 %
Stadtwerke Garbsen GmbH	24,90 %
Stadtwerke Neustadt a. Rbge. GmbH & Co. KG	24,90 %
Stadtwerke Nienburg/Weser GmbH	27,68 %
Stadtwerke Wolfenbüttel GmbH	26,00 %
Stadtwerke Wolmirstedt GmbH	49,40 %

Indirekte Beteiligungen von E.ON AG	
Stadtwerke-Altmärkische Gas-, Wasser- und Elektrizitätswerke GmbH, Stendal	37,45 %
Stromversorgung Zerbst GmbH & Co. KG	30,00 %
SVO Energie GmbH, Celle	64,00 %
Überlandwerk Leinetal GmbH, Gronau	48,00 %
Wasser- und Energie-Versorgungsgesellschaft mbH, Salzgitter	10,00 %

Vattenfall

Anbieter	**Vattenfall Europe**
Firmensitz	Berlin
Firmeninhaber	Vattenfall AB (Schweden) (98,9 %; gehört zu 100 % dem schwedischen Staat), freie Anleger (1,1 %)
Adresse	Vattenfall Europe AG Chausseestraße 23 10115 Berlin Telefen: 030 8182-22 Telefax: 030 882-3950 E-Mail: info@vattenfall.de
Internet	*www.vattenfall.de*

Unternehmen	2002; Vattenfall agiert seit der Gründung in der Funktion einer strategischen Management Holding mit regionalen Schwerpunktzentren in Berlin, Hamburg und Cottbus. Übernommen und teilweise verschmolzen wurden Bewag HEW, Laubag und VEAG. Vattenfall agiert entlang der gesamten Wertschöpfungskette im Energiebereich (Erzeugung, Handel, Übertragungsnetz, Vertrieb, Verteilnetz, Wärme) (nach [RÜDLI2006]).

Anbieter	Vattenfall Europe
Unternehmen	Im Geschäftsbericht 2006 wurden als Ziele für 2007 genannt: Vorbereitung des Einstiegs in den bundesweiten Wettbewerb um Privatkunden Neubau von Kraftwerkskapazitäten in Boxberg und Moorburg Erweiterung des Übertragungsnetzes Beteiligung am ersten deutschen Offshore-Windpark in der Nordsee Leistungsfähige Organisationsstrukturen durch den Start der »Service Unit«
Anzahl Kunden	ca. 3 Millionen
Umsatz	7,757 Milliarden Euro (Stromabsatz)
Mitarbeiter	21.323 (Gesamtkonzern)
Tarif- und Vertriebsmodell	Je nach Liefergebiet gibt es ein differenziertes Angebot, zum Beispiel in Hamburg: Hamburg Classic Privatstrom, Hamburg Natur Privatstrom, Hamburg Kompakt Privatstrom, Hamburg Easy Privatstrom, Hamburg Basis Privatstrom.
Liefergebiet	Hauptmärkte Hamburg und Berlin; Verteilung aber auch an Kunden in West-Mecklenburg, Brandenburg und Niedersachsen; ein bundesweiter Stromvertrieb ist für 2008 geplant [SZ12071].
Stromherkunft	83,4 Milliarden kWh

Direkte Beteiligungen von Vattenfall Europe AG	
ARGE ESP POOL 19 GbR, Berlin	50,00 %
ARGE Modellprojekt Berliner Energiespar-Partnerschaft Bewag/Landis & Gyr GbR, Berlin	50,00 %
BAE Brüeler Abwasserentsorgungsgesellschaft mbH, Brüel	49,00 %
best energy GmbH i. L., Berlin	100,00 %
Bewag Energiemanagement GmbH, Berlin	100,00 %
e.dat GmbH, Schwerin	100,00 %
EAGV GmbH i. L., Hamburg	100,00 %
EHA-Energie-Handels-Geschäftsführungs-GmbH, Hamburg	50,00 %
EHA-Energie-Handels-Gesellschaft mbH & Co. KG, Hamburg	50,00 %
ENSO Strom AG, Dresden	29,13 %
Erdwärme Neustadt-Glewe GmbH	45,00 %
Kernkraftwerk Brokdorf GmbH & Co. oHG Hamburg	20,00 %
Kernkraftwerk Brunsbüttel GmbH & Co. oHG, Hamburg	66,67 %

Direkte Beteiligungen von Vattenfall Europe AG	
Kernkraftwerk Krümmel GmbH & Co. oHG Hamburg	50,00 %
Kernkraftwerk Stade GmbH & Co. oHG Hamburg	33,33 %
KNG Kraftwerks- und Netzgesellschaft mbH Berlin	25,00 %
Kraftwerk Schwarze Pumpe GmbH, Spremberg	100,00 %
MEA Energieagentur Mecklenburg-Vorpommern GmbH, Schwerin	100,00 %
Städtische Werke AG, Kassel	24,90 %
Stadtwerke Eilenburg GmbH	49,00 %
Stadtwerke Lübz GmbH	20,00 %
Stadtwerke Wittenberge GmbH	22,70 %
Vattenfall Europe Berlin AG & Co. KG, Berlin (vormals Bewag AG & Co. KG)	100,00 %
Vattenfall Europe Berlin Verwaltungs-AG, Berlin	100,00 %
Vattenfall Europe Distribution Berlin GmbH, Berlin	100,00 %
Vattenfall Europe Distribution Hamburg GmbH, Hamburg	100,00 %
Vattenfall Europe Generation AG & Co. KG, Cottbus	100,00 %
Vattenfall Europe Generation Verwaltungs-AG, Cottbus	100,00 %
Vattenfall Europe Hamburg AG, Hamburg (vormals HEW AG)	100,00 %
Vattenfall Europe Mining AG, Cottbus (vormals Lausitzer Braunkohle AG)	100,00 %
Vattenfall Europe Netcom GmbH, Berlin	100,00 %
Vattenfall Europe Nuclear Energy GmbH, Hamburg	100,00 %
Vattenfall Europe Renewables GmbH, Cottbus	100,00 %
Vattenfall Europe Sales GmbH, Hamburg	100,00 %
Vattenfall Europe Technology Research GmbH, Cottbus	100,00 %
Vattenfall Europe Transmission GmbH, Berlin (vormals VEAG Übertragungsnetz GmbH)	100,00 %
Vattenfall Europe Waste to Energy Rüdersdorf GmbH, Rüdersdorf	100,00 %
WEMAG AG, Schwerin	80,29 %
Windenergiepark Westküste GmbH, Kaiser-Wilhelm-Koog	20,00 %

EnBW

Anbieter	EnBW
Firmensitz	Karlsruhe
Firmeninhaber	EDF International SA (EDFI) (45,01 %) Zweckverband Oberschwäbische Elektrizitätswerke (OEW) (45,01 %) EnBW Energie Baden-Württemberg AG (2,30 %) Streubesitz – 1,79 % Badische Energieaktionärs-Vereinigung (2,59 %) Gemeindeelektrizitätsverband Schwarzwald-Donau (1,29 %) Landeselektrizitätsverband Württemberg (0,58 %) Neckarelektrizitäts-Verband (0,46 %) Weitere kommunale Aktionäre (0,97 %)
Adresse	EnBW Energie Baden-Württemberg AG Durlacher Allee 93 76131 Karlsruhe Telefon: 0800 3629000 E-Mail: kontakt@enbw.com
Internet	*www.enbw.com*

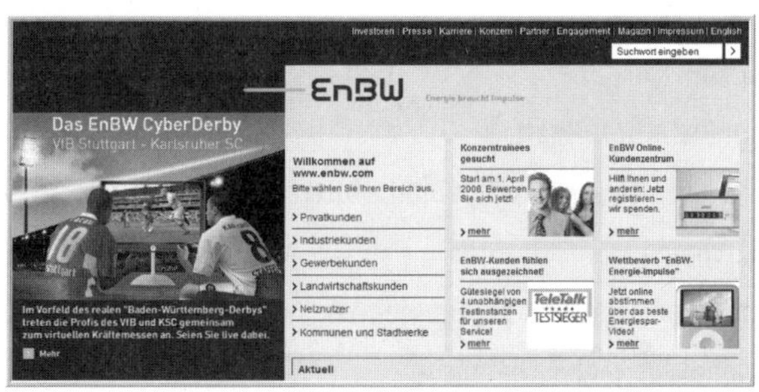

Unternehmen	Aus dem Geschäftsbericht 2006: »Die EnBW verfolgt eine konsequent synergetische Mehrmarkenstrategie. Jede nationale Marke des Konzerns hat dabei eine klar definierte Rolle und einen eigenständigen Auftritt. Die Strategien der Marken sind konsequent aufeinander abgestimmt.«Der Einfluss des französischen Großaktionärs, des Energiekonzerns EDF, ist bei strukturellen Veränderungen im Konzern deutlich spürbar« (vgl. [RÜDLI2006]).
Anzahl Kunden	ca. 5 Millionen
Umsatz 2006	9.642,3 Milliarden Euro (nur Strom)
Mitarbeiter 2006	11.754 (nur Strom)
Liefergebiet	bundesweit

Anbieter	**EnBW**
Tarif- und Vertriebsmodell	EnBW verfolgt eine Mehrmarkenstrategie im Vertrieb von Strom: *EnBW*- Belieferung von Privat-Kunden direkt oder Belieferung von Kommunen/Stadtwerken in Baden-Württemberg bzw. von Geschäftskunden bundesweit, *Watt – Energie für Unternehmen*: Belieferung von mittelständischen Unternehmen und Filialkunden, *NaturEnergie* für Ökostrom (»Strom aus Wasser und Sonne«) und *Yello Strom* für bundesweiten Billigstrom für Privathaushalte und Gewerbekunden.
Stromherkunft	Kernenergie 34 %, Kohle, Öl und Gas 19,3 %, regenerativ 16,3 %, externer Bezug 30,4 %
Regenerative Energieproduktion	12,2 Milliarden kWh

Voll-konsolidierte Beteiligungen von EnBW AG	
EnBW Kernkraft GmbH, Obrigheim	99,80 %
EnBW Kraftwerk Lippendorf Beteiligungsges. mbH, Stuttgart	100,00 %
EnBW Kraftwerke AG, Stuttgart	100,00 %
EnBW Ostwürttemberg DonauRies AG, Ellwangen	99,72 %
EnBW Regional AG, Stuttgart	100,00 %
EnBW Trading GmbH, Karlsruhe	100,00 %
EnBW Transportnetze AG, Stuttgart	100,00 %
EnBW Vertriebs- und Servicegesellschaft mbH, Stuttgart	100,00 %
ENSO Strom AG, Dresden	68,91 %
GESO Beteiligungs- und Beratungs-AG, Dresden	100,00 %
Kernkraftwerk Obrigheim GmbH, Obrigheim	100,00 %
Kraftwerk Bexbach Verwaltungsges. mbH, Bexbach an der Saar	66,66 %
NaturEnergie AG	100,00 %
Neckarwerke Stuttgart GmbH	100,00 %
NWS Grundstücksmanagement GmbH & Co. KG, Stuttgart	100,00 %
Stadtwerke Düsseldorf AG	54,95 %
TWS Kernkraft GmbH, Gemmrigheim	100,00 %
Watt Deutschland GmbH, Frankfurt am Main	100,00 %
Yello Strom GmbH, Köln	100,00 %
ZEAG Energie AG, Heilbronn	98,26 %

Quoten-konsolidierte Beteiligungen von EnBW AG	
Albwerk GmbH & Co. KG, Geislingen an der Steige	25,10 %
DREWAG-Stadtwerke Dresden GmbH	35,00 %
e.wa riss GmbH & Co. KG, Biberach	50,00 %
Elektrizitätswerk Mittelbaden AG & Co. KG, Lahr	34,74 %
Energie- und Wasserversorgung Bruchsal GmbH	25,10 %
Energie- und Wasserwerke Bautzen GmbH	49,00 %
ENRW Energieversorgung Rottweil GmbH & Co. KG	25,10 %
FairEnergie GmbH, Reutlingen	24,90 %
Großkraftwerk Mannheim AG	32,00 %
Kraftwerk Ryburg-Schwörstadt AG	38,00 %
MVV Energie AG, Mannheim	15,07 %
Schluchseewerk AG, Freiburg	50,00 %
Stadtwerke Elbtal GmbH, Coswig	30,00 %
Stadtwerke Esslingen am Neckar GmbH & Co. KG	49,98 %
Stadtwerke Karlsruhe GmbH	20,00 %
Stadtwerke Nürtingen GmbH	25,00 %
Stadtwerke Schwäbisch Gmünd GmbH	25,10 %
Stadtwerke Sindelfingen GmbH	25,10 %
StadtwerkeWeinheim GmbH	39,72 %
Technische Werke Schussental GmbH & Co. KG, Ravensburg	25,10 %

7.3 Regionalversorger

EWE AG

Anbieter	EWE AG
Firmensitz	Oldenburg
Firmeninhaber	nicht bekannt
Adresse	EWE Aktiengesellschaft Tirpitzstraße 39 26122 Oldenburg

Anbieter	EWE AG
Adresse	Telefon: 0441 803-0 Telefax: 0441 803-3999 E-Mail: info@ewe.de
Internet	*www.ewe.de*

Unternehmen	Gegründet 1930 als Stromversorger AG Oldenburg-Ostfriesland
Anzahl Kunden	ca. 1,05 Millionen Haushalte
Stromabsatz	13,6 Milliarden kWh, im Wesentlichen durch Bezug von Dritten, davon 4,9 Milliarden kWh an Tarifkunden (also im Wesentlichen private Haushalte)
Umsatz	9,03 Milliarden Euro, davon 4,1 Milliarden mit Strom
Mitarbeiter	ca. 5.800
Tarif und Vertriebsmodell	EWE Strom classic (Region Ems-Weser-Elbe), darüber hinaus gibt es EWE Strom direct, NaturWatt Strom, NaturWatt Strom plus une EWE trio, ein Kombipaket aus Strom, Erdgas und Telekommunikation.
Liefergebiet	Region Ems-Weser-Elbe, Rügen, Brandenburg, Nordvorpommern, Westpolen
Stromherkunft	Kernenergie 46,1 %, fossil 35,5 %, regenerativ 18,4 %
Regenerative Energie-produktion	EWE hat derzeit ausschließlich eigene Kraftwerkskapazitäten in der Stromproduktion durch regenerative Energieträger: Sonne 0,5 MW; Biomasse, Biogas 5,4 MW; Wind 61,4 MW
Beteiligungen	EWE Netz GmbH (100 %) Stadtwerke Cuxhafen GmbH (100 %) swb AG (Bremen, Energieerzeugung, 44,77 %)
Beteiligungen	DOTI GmbH & Co. KG (Betreibergesellschaft für Offshore-Windkraftanlagen, 33,33 %) Städtische Werke Borna GmbH (24,5 %) Stadt- und Überlandwerke GmbH Luckau-Lübbenau (23,38 %)

MVV Energie AG

Anbieter	**MVV Energie AG**
Firmensitz	Mannheim
Firmeninhaber	Stadt Mannheim (50,1 %) RheinEnergie AG (16,1 %) EnBW Energie Baden-Württemberg AG (15,1 %) Streubesitz (institutionell und privat) (18,8 %)
Adresse	MVV Energie AG Luisenring 49 68159 Mannheim Service-Hotline: 0800 6882255 Telefax: 0621 2901590 E-Mail: kontakt@mvv.de
Internet	*www.mvv-energie.de*

Unternehmen	Entstanden als lokaler Versorger von Mannheim, seit 1999 ist das Unternehmen börsennotiert.
Anzahl Kunden	ca. 600,000 Haushalte
Stromabsatz	19,8 Milliarden kWh., davon 2,13 Milliarden kWh an Privatkunden
Umsatz	2,3 Milliarden Euro, davon 1,08 Milliarden Euro mit Strom
Mitarbeiter	6.300
Tarif- und Vertriebsmodell	CLASSICA Strom, NOVA Strom (Discountstrom mit 12-monatiger Vertragsbindung; eigene Ökostrommarke: Ökostrom futura (90 % Wasserkraft)
Liefergebiet	Metropolregion Rhein-Neckar
Stromherkunft	Kernenergie 24 %, fossil 59,2 %, regenerativ 16,6 %

Anbieter	**MVV Energie AG**
Beteiligungen	Energieversorgung Offenbach AG (48,78 %)1
	Köthen Energie GmbH (100 %)
	MVV RHE AG (100 %)
	Stadtwerke Buchen GmbH&Co. KG (25,1 %)
	Stadtwerke Ingolstadt Beteiligungen GmbH (48,4 %)
	Stadtwerke Kiel AG (51 %)
	Stadtwerke Schwetzingen GmbH & Co. KG (10 %)
	Stadtwerke Solingen GmbH (49,9 %)
	24/7 Netze GmbH Mannheim (70 %)
	24/7 Trading GmbH Mannheim (51 %)
	24/7 Metering GmbH Offenbach (49 %)

RheinEnergie AG

Anbieter	**RheinEnergie AG**
Firmensitz	Köln
Firmeninhaber	GEW Köln AG (80 %, über die Stadtwerke Köln ist die Stadt Köln zu 90 % daran beteiligt) RWE AG (20 %)
Adresse	RheinEnergie AG Parkgürtel 24 50823 Köln Telefon: 0180 2222300 Telefax: 0221 178-3322
Internet	*www.rheinenergie.com*

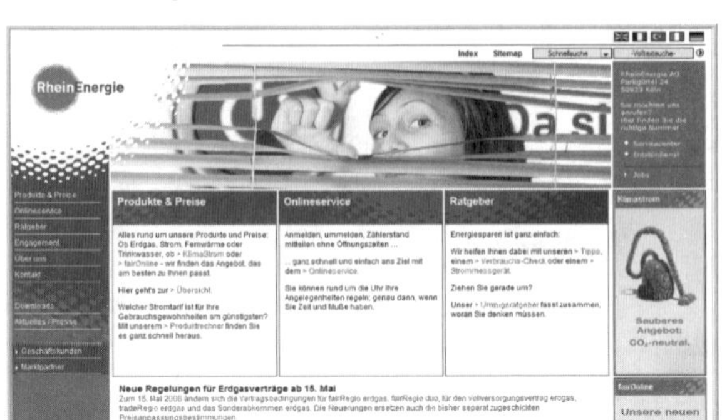

Anbieter	RheinEnergie AG
Unternehmen	Gegründet 2002, hervorgegangen aus der GEW Köln AG.
Anzahl Kunden	ca. 980.000 Haushalte
Stromabsatz	44,03 Milliarden kWh, davon 3,5 Milliarden kWh an Tarifkunden
Umsatz	ca 3 Milliarden Euro
Mitarbeiter	ca. 3.000
Tarif- und Vertriebsmodell	Premiummarke Energreen: Ein Aufschlag auf den Strompreis wird dazu benutzt, Investitionen in regenerative Energieerzeugungsanlagen zu finanzieren; Direktvertrieb im Versorgungsgebiet.
Liefergebiet	Köln und Kölner Umland
Stromherkunft	Eigenproduktion ca. 30 % des Stromabsatzes (4 Milliarden kWh), davon knapp die Hälfte (46 %) in Kraft-Wärme-Kopplungs-Anlagen. Der Rest wird aus dem deutschen Strommix bezogen.
Regenerative Energieproduktion	Derzeit wenige Bioenergieanlagen; 46 % der selbst produzierten Strommenge wird aber in umweltfreundlichen, weil hocheffizienten Kraft-Wärme-Kopplungs-Anlagen (Heizkraftwerke) produziert.
Beteiligungen	ENERGOTEC Eneergietechnik GmbH Köln (100 %)
	Rheinische NETZGesellschaft mbH, Köln (64,4 %)
	Bergische Licht-, Kraft- und Wasserwerke GmbH, Bergisch Gladbach (100 %)
	AggerEnergie GmbH, Gummersbach (65,6 %)
	Energieversorgung Leverkusen GmbH & Co. KG (50 %)
	Stadtwerke Troisdorf GmbH (49 %)
Beteiligungen	Stadtwerke Leichlingen GmbH (49 %)
	evd energieversorgung dormagen gmbh (49 %)
	Energie- und Wasserversorgung Bonn/Rhein-Sieg GmbH (13,7 %)

N-ERGIE AG

Anbieter	N-ERGIE AG
Firmensitz	Nürnberg
Firmeninhaber	Städtische Werke Nürnberg GmbH (60,2 %) Thüga AG (39,8 %) (an der Thüga AG ist E.ON AG, Düsseldorf zu 81 % beteiligt)

Anbieter	**N-ERGIE AG**
Adresse	N-ERGIE Aktiengesellschaft Am Plärrer 43 90429 Nürnberg Telefon: 0180 2111444 Telefax: 0911 802-3668 E-Mail: dialog@n-ergie.de
Internet	*www.n-ergie.de*

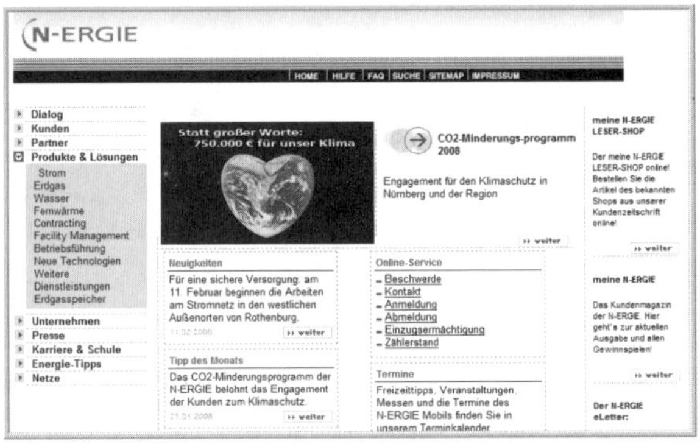

Unternehmen	Gegründet am 30.03.2000.
Anzahl Kunden	560.000
Stromabsatz	9,287 Milliarden kWh, davon Eigenproduktion 0,766 Milliarden kWh
Umsatz	1,68 Milliarden Euro, davon 1,11 Milliarden Euro mit Strom
Mitarbeiter	2.800
Tarif- und Vertriebsmodell	Strom Standard (bis 900 kWh), Strom Smart (ab 900 kWh), Strom Extra (Doppeltarifzähler), PURNATUR als Ökostrommarke und TEMPD speziell für Wärmepumpen
Liefergebiet	Mittelfranken
Stromherkunft	Fossile Energieträger (Steinkohle, Braunkohle, Erdgas) 54 %, Kernenergie 26 %, regenerative Energiequellen (Wasserkraft, Windkraft, Sonne) 20 %,
Beteiligungen	Gemeinschaftskraftwerk Irsching GmbH (25,2 %) HEWA GmbH, Hersbruck (43,34 %) N-ERGIE Netz GmbH, Nürnberg (100 %) Stadtwerke Althof GmbH (40 %) Stadtwerke Neustand a. d. Aisch GmbH (49 %)

Anbieter	N-ERGIE AG
Beteiligungen	Stadtwerke Röthenbach a. d. Pegnitz GmbH (49 %)
	Stadtwerke Schwabach GmbH (25,1 %)
	Stadtwerke Stein GmbH (49 %)
	Stadtwerke Würzburg GmbH (10,15 %)
	Überlandwerk Schäftersheim Gmbh & Co. KG (100 %)
	ÜWS Netu GmbH, Weikersheim (100 %)
	Windpark Langenaltheim GmbH & Co. KG (49 %)

7.4 Stadtwerke

Die Marktszene bei den Stadtwerken ist in einer großen Dynamik. Es gibt eine Vielzahl an Querbeteiligungen sowohl von den großen Verbundunternehmen, den Regionalunternehmen als auch von größeren Stadtwerken selbst. Fusionen werden vielfach vorbereitet und werden das Spektrum der Stadtwerke vermutlich stark verändern.

Aus mit Tante-Emma-Läden?

Vor allem größere Marktmitspieler sind dabei, Expansionen durch Fusionen (oder Übernahmen) vorzubereiten (z. B. [FASZ12071]). Daher wollen wir in diesem Buch nicht eine Liste aller Stadtwerke wiedergeben, da diese sehr umfangreich würde und außerdem relativ schnell veraltete. Um einen aktuellen Überblick zu bekommen, ist es allemal besser, sich in einem Internetportal zu Stromtarifen zu informieren. Auch veröffentlicht seit einigen Monaten, vor allem, wenn eine neue Preiserhöhungswelle bei Strom durch die Medien schwappt, zum Beispiel *www.spiegel-online.de* eine aktualisierte Liste der regionalen und kommunalen Versorger auf Basis von Daten, die von Stromportalen im Internet zur Verfügung gestellt werden.

Was wir aber dennoch tun wollen, ist eine kurze Skizze, was bei den Stadtwerken passiert. Mit der Deregulierung im deutschen Strommarkt 1998 haben sich nämlich die großen Verbundunternehmen deutlich diversifiziert und entsprechende Beteiligungen aufgekauft. Damit haben die vier Großen bereits in etlichen kommunalen Stadtwerken einen dicken Fuß in der Tür. Die Gemeinden, die ja üblicherweise im Besitz ihrer kommunalen Werke waren (und sind), haben schnell ein bisschen Geld gemacht und ihre kommunalen Kassen ein wenig gefüllt. Jetzt stellen viele fest, dass damit nicht nur Geld, sondern auch Abhängigkeit bzw. Einfluss von außen in ihre Gemeinden geströmt ist. Dies ist vor allem deswegen störend, weil mittlerweile der Wettbewerb angezogen hat. Das gilt sowohl für die Kundenseite, die eine höhere Wechselbereitschaft zeigt, wie auch für die Anbieterseite, die ihr Vertriebsgebiet in andere Regionen ausdehnen möchte, aber eben dies nicht mehr unbedingt kann, wenn ein großer Partner mitredet und eine Störminorität hat.

Das wird vor allem dann »kritisch«, wenn die Bundesregierung das Energiewirtschaftsgesetz noch einmal novelliert bzw. wenn von der Europäischen Kommission entsprechende Vorgaben gemacht werden. Im Moment sind Energieversorgungsunternehmen, die weniger als 100.000 Kunden haben, von der Entflechtungspflicht ausgenommen. Das kann sich aber ändern, um den Wettbewerb auch in die kleinsten Gemeinden zu tragen. Wie sinnvoll das ist, soll hier gar nicht diskutiert werden. Wenn es kommt, dann kommt es. Und dann besteht schnell die Herausforderung, damit umgehen zu müssen und eventuell andere Liefergebiete auszumachen, um das eigene, profitable Überleben zu sichern. Gebundene Hände sind da unter Umständen ein wenig hinderlich.

Stadtwerke München

Anbieter	**Stadtwerke München**
Firmensitz	München
Firmeninhaber	Stadt München
Adresse	Stadtwerke München GmbH Emmy-Noether-Straße 2 80287 München Telefon: 01802 796796 Telefax: 01802 796329 E-Mail: privatkunden@swm.de
Internet	*www.swm.de*

Anbieter	Stadtwerke München
Unternehmen	SWM GmbH fährt mehrgleisig. Zum einen wird angestrebt, den Anteil regenerativer Energie bei der Stromerzeugung hochzufahren. Zum anderen hält die Firma aber auch Anteile an Kernkraftwerken.
Anzahl Kunden	nicht bekannt
Stromabsatz	31,341 Milliarden kWh
Umsatz	2,03 Milliarden Euro (Strom, inklusive Stromsteuer)
Mitarbeiter	6.960 (Gesamtunternehmen)
Tarif- und Vertriebsmodell	Allgemeine Preise in der Grundversorgung, MStrom (privat), MStrom Kompakt (niedrigere Grundgebühr), MStrom Komfort (2-Tarifstrom für Starklast und Schwachlast) sowie die Ökostrommarke M-Natur (100 % Wasserkraft).
Liefergebiet	München
Stromherkunft	83 % fossil, 12 % erneuerbar (aber wie gesagt: SWM besitzen Anteile am Kernkraftwerk Isar 2, daher ist diese Stromherkunftsangabe zu relativieren)
Regenerative Energieproduktion	Eigenstromproduktion zu 83 % aus KWK-Anlagen und zu 17 % aus Anlagen regenerativer Energieerzeugung
Beteiligungen	Gemeinschaftskernkraftwerk Isar 2 GmbH (KKI 2), Essenbach (25 %)
	HKW Nord Beteiligungsgesellschaft mbH, München (100 %)
	KEA Kraftwerksprojekt GmbH & Co. KG, München (46 %)
	Kommunale Energie Allianz Bayern GmbH (KEAB), München (18,25 %)
	Münchner Energie-Agentur GmbH, München (100 %)
	Praterkraftwerk GmbH, München (49 %)
	SWM Consulting und Service GmbH, München (100 %)
	SWM Infrastruktur GmbH, München (100 %)
	SWM Infrastruktur Region GmbH, München (100 %)
	SWM Services GmbH, München (100 %)
	SWM Versorgungs GmbH, München (100 %)

Stadtwerke Hannover

Anbieter	**Stadtwerke Hannover**
Firmensitz	Hannover
Firmeninhaber	Versorgungs- und Verkehrsgesellschaft Hannover mbH (VVG) (75,09 %) Thüga AG, München (24 %) (an der Thüga AG ist E.ON AG, Düsseldorf zu 81 % beteiligt) Region Hannover (0,9 %)
Adresse	Stadtwerke Hannover AG Ihmeplatz 2 30449 Hannover Telefon: 0511 430-0 Telefax: 0511 430-2650 E-Mail: info@enercity.de
Internet	*www.enercity.de*

Unternehmen	Die Stadtwerke Hannover gehören zu den größten Energieversorgern in Deutschland. Mit ihrer auch von Umweltverbänden positiv aufgenommenen Ökostrommarke sind sie auch bundesweit unterwegs.
Anzahl Kunden	86.000 Haushalte
Stromabsatz	3,41 Milliarden kWh im Netzgebiet, 19,67 Milliarden kWh total
Umsatz	1,79 Milliarden Euro, davon 1,0 Milliarden Euro nur Strom (ohne Stromsteuer)
Mitarbeiter	2.758

Anbieter	**Stadtwerke Hannover**
Tarif- und Vertriebsmodell	Die Stadtwerke Hannover bieten unter der Dachmarke enercity »qualitativ hochwertige Produkte und Dienstleistungen zu marktgerechten Preisen« (aus dem Geschäftsbericht 2006). Es gibt vier Tarife: enercity® Strom & Natur 100: 100 % erneuerbare Energieträger (z. B. Wasser-, Windkraft, Biomasse) enercity® Strom & Natur 50: 56,7 % erneuerbare Energieträger, 43,3 % fossile Energieträger aus regionalen KWK-Anlagen enercity® Strom & Bonus: 13,4 % erneuerbare Energieträger (nach EEG); 86,6 % fossile Energieträger aus regionalen KWK-Anlagen enercity® Strom & Komfort: 11,6 % erneuerbare Energieträger (nach EEG); 88,4 % fossile Energieträger aus regionalen KWK-Anlagen
Liefergebiet	Großraum Hannover
Stromherkunft	80 % entsprechen dem bundesdeutschen Strommix, 20 % werden selbst produziert, davon etwa 60 % in KWK-Anlagen, 2,5 % in regenerativen Erzeugeranlagen. In Summe bedeutet das: 61,1 % fossil, 20,0 % Kernenergie und 18,9 % regenerativ.
Regenerative Energieproduktion	Rund 60 Prozent des selbst erzeugten Stroms von ca. 4 Milliarden kWh entstehen in drei innerstädtischen KWK-Anlagen (Stöcken, Linden, Herrenhausen).
Beteiligungen	BioHKW Landesbergen GmbH (50 %) Danpower GmbH, Potsdam (74,9 %) enercity Netzgesellschaft mbH (100 %) Energie-Projektgesellschaft Langenhagen mbH (50 %) Gemeindewerke Wunstorf GmbH & Co KG (34 %) Gemeinschaftskraftwerk GmbH (56,67 %) Gemeinschaftskraftwerk Hannover GmbH (74,5 %) Gemeinschaftskraftwerk Hannover-Braunschweig GmbH (66,67 %) GKL – Gemeinschaftskraftwerk Hannover-Linden GmbH (90 %) Gemeinschaftskraftwerk Staudinger GmbH & Co. KG i. G. (25,2 %) Kraftwerk Mehrum GmbH (33,33 %) Netzgesellschaft Laatzen GmbH & Co. KG (49 %) Stadtwerke Garbsen GmbH (20 %) WKN Windpark Nord GmbH (16,3 %)

7.5 Grüner Strom

LichtBlick

Anbieter	**LichtBlick**
Firmensitz	Hamburg
Firmeninhaber	61 % in privatem Besitz Hamburger Unternehmerfamilien, je 4,3 % Geschäftsführer Heiko von Tschischwitz und Wilfried Gillrath (Quelle: [ECOWWW])
Gründungsjahr	1998
Adresse	LichtBlick – die Zukunft der Energie GmbH & Co. KG Max-Brauer-Allee 44 22765 Hamburg Info-Telefon: 0180 2660660 (6 Cent pro Festnetzanruf) Telefax: 0180 2660661 E-Mail: info@lichtblick.de
Internet	*www.lichtblick.de*

Anzahl Kunden	ca. 390.000 (Stand Dezember 2007)
Umsatz	ca. 200 Millionen Euro
Mitarbeiter	ca. 200
Tarif- und Vertriebsmodell	Standardtarif mit einem monatlichen Grundpreis und einem verbrauchsunabhängigen Arbeitspreis pro Kilowattstunde.

Anbieter	LichtBlick
Tarif- und Vertriebsmodell	Vertrieb: Internet, freie Handelsvertreter für Neukunden; Sonderaktionen (Tchibo, Bildzeitung, Deutsche Post, Deutsche Bahn, Otto-Versandhandel). Gerade in 2007 hat LichtBlick sehr originell geworben: Sowohl in Tchibo-Filialen als auch als »Bildstrom« wurde den Lesern der Bildzeitung beispielsweise der Ökostrom angeboten.
Liefergebiet	bundesweit
Stromherkunft	LichtBlick betreibt selbst keine Kraftwerke, ist also ein reiner Stromlieferant und kauft im In- und Ausland den überschüssigen Ökostrom von Industrieunternehmen auf, die mit eigenen Kraftwerken aus Wasserkraft oder Kraft-Wärme-Kopplung mehr Strom erzeugen, als sie selbst benötigen.
Investitionen in neue Anlagen	nach Aussagen von LichtBlick ja
Regenerative Energieproduktion	keine eigene

Elektrizitätswerke Schönau

Anbieter	EWS Elektrizitätswerke Schönau
Firmensitz	Schönau
Firmeninhaber	650 Gesellschafter (unabhängig)
Adresse	EWS-Elektrizitätswerke Schönau Vertriebs GmbH Friedrichstraße 53/55 79677 Schönau/Schwarzwald Info-Telefon: 07673 88850 Telefax: 07673 888519 E-Mail: info@ews-schoenau.de
Internet	*www.ews-schoenau.de/*

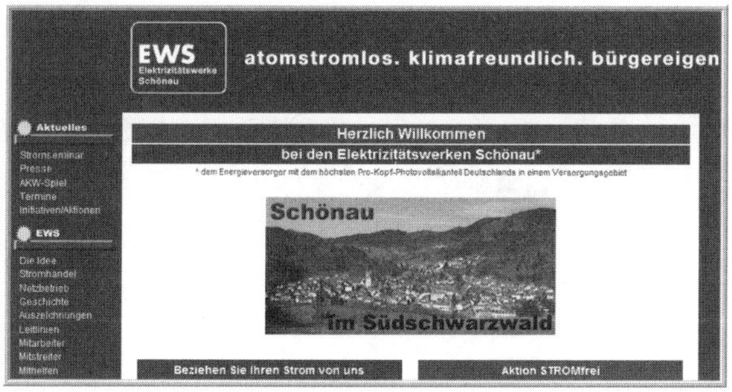

Anbieter	EWS Elektrizitätswerke Schönau
Anzahl Kunden	ca. 61.000 (Stand Oktober 2007)
Unternehmen	Gründung des Unternehmens nach der Atomkatastrophe in Tschernobyl 1997. Die Schönauer Bürger kauften nach zwei Bürgerentscheiden ihr Stromnetz, um sicherzustellen, atomstromfreien Strom zu beziehen. 1998 expandierte EWS mit Beginn der Liberalisierung des Strommarkts bundesweit.
Umsatz	ca. 36 Millionen Euro (geschätzt)
Mitarbeiter	nicht bekannt
Tarif- und Vertriebsmodell	Standardtarif (Watt Ihr Spart) mit einem monatlichen Grundpreis und einem spezifischen Arbeitspreis in drei Varianten. Je nach Variante wird ein entsprechender Anteil des Arbeitspreises in regenerative Erzeugungsanlagen investiert. Vertrieb: Internet, Flyer
Liefergebiet	bundesweit
Stromherkunft	EWS bezieht seinen Strom aus Wasserkraftwerken (ca. 77 %) und Erdgas-angetriebenen Kraft-Wärme-Kopplungs-Anlagen (ca. 12 %) in Deutschland und aus Nachbarländern. Dazu kommt noch der gesetzlich zugeschlüsselte EEG-Strom (11 %) (Werte für 2006). EWS arbeitet nur mit Lieferanten zusammen, die nicht an Kernkraftwerken beteiligt sind bzw. die nicht an Unternehmen beteiligt sind, die Kernkraftwerke betreiben.
Investitionen in neue Anlagen	ja, mindestens 0,5 Cent/kWh
Regenerative Energieproduktion	EWS stellt selbst keinen Strom her, fördert aber den Bau von regenerativen Erzeugungsanlagen (»Rebellenkraftwerke«).
Stromlabel	EWS lässt sich vom TÜV Nord zertifizieren.

Greenpeace energy eG

Anbieter	Greenpeace energy eG
Firmensitz	Hamburg
Firmeninhaber	rund 13.000 Genossenschaftsmitglieder (unabhängig) (Quelle: [ECOWWW])
Gründungsjahr	1999

Anbieter	**Greenpeace energy eG**
Adresse	Greenpeace energy eG Schulterblatt 120 20357 Hamburg Info-Telefon: 040 808110330 Telefax: 040 808110333 E-Mail: info@greenpeace-energy.de
Internet	*www.greenpeace-energy.de/*

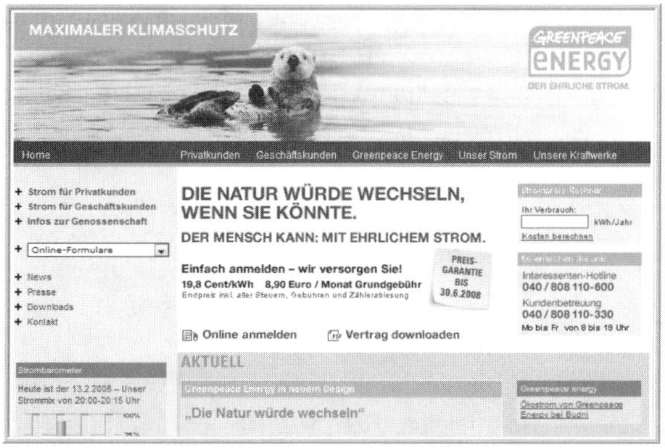

Anzahl Kunden	65.000 (Stand November 2007)
Umsatz	35 Millionen Euro
Strommenge	190 Millionen kWh
Mitarbeiter	34
Tarif- und Vertriebs-modell	Im Angebot ist ein monatlicher Grundpreis und ein Arbeitspreis pro Kilowattstunde. Vertrieb: Internet, Flyer
Liefergebiet	bundesweit
Stromherkunft	75 % Wasser, 10 % Wind, 1 % Sonne, 0,5 % Biomasse, 13,5 % EEG-Strom (Angabe von Greenpeace für 2007)
Investitionen in neue Anlagen	nicht bekannt
Regenerative Energiepro-duktion	Keine eigene; Greenpeace energy bezieht aber nur Strom aus umwelt-freundlichen Kraftwerken und nur von Betreibern, die sich einer umwelt-freundlichen Geschäftspolitik verschrieben haben.
Stromlabel	TÜV Nord, Stiftung Warentest Testbericht

NaturEnergie AG

Anbieter	**NaturEnergie AG**
Firmensitz	Grenzach-Wyhlen (Baden)
Firmeninhaber	Energiedienst Holding AG (100 %); Hauptaktionär der Holding ist EnBW Baden Württemberg AG mit einem Anteil von 76 %. Dadurch erscheint Natur-Energie zwar nicht in den Beteiligungslisten von EnBW, der Geschäftsbericht geht in der Beschreibung der Markenstrategie aber auf NaturEnergie ein.
Gründungsjahr	Am 19. Mai 1998 wurde die Gründung des Unternehmens bekannt gegeben. Das Unternehmen ist am 1. Oktober 1998 als Deutschlands erster Ökostrom-Händler ans Netz gegangen. Die Muttergesellschaft Energiedienst Holding AG (ehemals Kraftwerk Laufenburg) realisiert derzeit das größte regenerative Neubauprojekt »Wasserkraftwerk Rheinfelden« in Deutschland.
Adresse	NaturEnergie AG Am Wasserkraftwerk 49 79639 Grenzach-Wyhlen Telefon: 0180 1908070 Telefax: 7624 90803322 Info-Telefon: 01801 908070 E-Mail: service@naturenergie.de
Internet	*www.naturenergie.de*

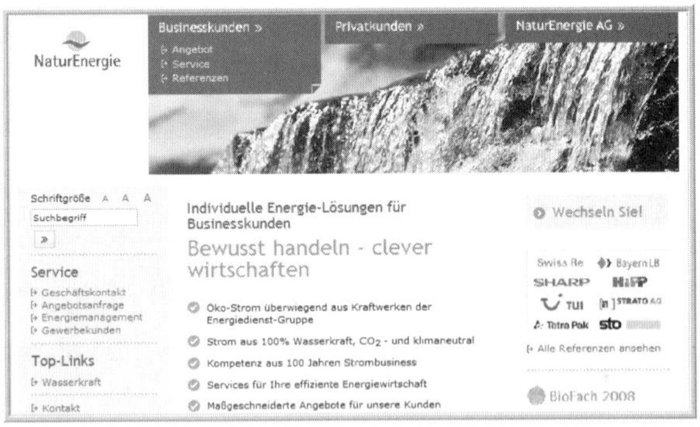

Anzahl Kunden	300,000
Umsatz	67,9 Millionen Euro (2006)
Mitarbeiter	nicht bekannt

Anbieter	NaturEnergie AG
Tarif- und Vertriebsmodell	Mit ihren Produkten NaturEnergie Silber und NaturEnergie Gold bietet die NaturEnergie AG zwei Produkte mit Strom aus 100 % Wasserkraft an. Im Tarif NaturEnergie Gold unterstützt der Kunde mit einem Aufpreis von 2,5 Cent je Kilowattstunde die Förderung neuer Anlagen für Wasser, Solar- und Windenergie. Vertrieb: Internet, bundesweiter Direktvertrieb und über EVU-Partner (Franchiser, z. B. EnBW)
Liefergebiet	bundesweit
Stromherkunft	100 % Wasserkraft
Investitionen in neue Anlagen	Abhängig vom Tarif, bis zu 2,5 Cent/kWh beim Tarif NaturEnergie Gold. Nach Angaben von NaturEnergie wird der Förderbeitrag für den Bau neuer Solarstromanlagen, der Reaktivierung und Errichtung neuer Wasserkraftanlagen sowie den Aufbau neuer Windkraftanlagen verwendet.
Regenerative Energieproduktion	100 % Wasserkraft
Stromlabel	NaturEnergie Silber: TÜV Nord NaturEnergie Gold:

NATURpur Energie AG

Anbieter	NATURpur Energie AG
Firmensitz	Darmstadt
Firmeninhaber	HEAG Südhessische Energie AG (HSE) (100 %)
Gründungsjahr	29. April 1999; im Mai 2007 überträgt NATURpur den Vertrieb der Ökostromprodukte an ihre Schwestergesellschaft ENTEGA Vertrieb (*www.entega.de*)
Adresse	NATURpur Energie AG Frankfurter Straße 100 64293 Darmstadt Telefon: 06151 701-3401 Telefax: 06151 701-3409 E-Mail: info@naturpur-energie.ag

Anbieter	**NATURpur Energie AG**
Internet	*www.naturpur-energie.ag*

Anzahl Kunden	mehr als 170.000
Umsatz	nicht bekannt
Mitarbeiter	nicht bekannt
Tarifmodell	Es gibt zwei NATURpur-Stromprodukte: NATURpur Strom-premium besteht zu 100 Prozent aus erneuerbaren Energiequellen und wird in klar definierten Erzeugungsanlagen erzeugt. Er setzt sich aus einem regenerativ erzeugten Strommix zusammen (mind. 1 % Sonne, ca. 40 % Wind, max. 50 % Wasser und ca. 9 % Biomasse). Bei der Erzeugung von NATURpur-Strom premium entstehen keinerlei Schadstoffemissionen. Insbesondere wird also kein KWK-Strom beigemischt.
Tarifmodell	NATURpur-Strom light wird zu 50 Prozent aus Wasserkraft und zu 50 % aus effizienter Kraft-Wärme-Kopplung erzeugt. Bei Mehrjahresvertrag gibt es einen Treuebonus.
Liefergebiet	bundesweit
Stromherkunft	Unternehmensmix: Wasserkraft 55,7 %, KWK 22,9 %, Wind 17,1 %, Bioenergie 3,9 %, Sonne 0,4 %
Investitionen in neue Anlagen	1,25 Cent/kWh brutto werden für die Förderung der neuen Naturstrom-Erzeugungsanlagen verwendet.
Regenerative Energieproduktion	Die Firma hat bislang über 100 regenerative Erzeugungsanlagen entwickelt und realisiert und betreibt diese auch.
Stromlabel	NATURpur-Strom premium: TÜV-Zertifikat, Stiftung Warentest »besonders empfehlenswert« (Verbraucherzeitschrift »test«, Heft Mai/2000). NATURpur-Strom light:

Naturstrom AG

Anbieter	Naturstrom AG
Firmensitz	Düsseldorf
Firmeninhaber	eco eco AG (26,13 %) Versiko AG (5,13 %) NATENCO Natural Energy Corporation GmbH (5 %) SUSTENTION AG (Schweiz) (2,5 %)
Firmeninhaber	Dr. Wenger GmbH (2,5 %) Rest: Streubesitz (58,75 %)
Gründungsjahr	1998, ab 1999 im Markt aktiv. Die Naturstrom AG aus Düsseldorf war der erste unabhängige (!) Ökostromanbieter, der bundesweit ausschließlich Strom aus regenerativen Energieerzeugungsanlagen angeboten hat. Die Firma ist vor allem bei den großen Naturschutzverbänden verankert (**Na**turschutz**bu**nd Deutschland – NABU – und **B**und für **U**mwelt und **N**aturschutz **D**eutschland- BUND).
Adresse	Naturstrom AG/NaturstromHandel GmbH Mindener Straße 12 40227 Düsseldorf Telefon: 0211 77900-0 Info-Telefon: 0211 77900444 Telefax: 0211 77900599 E-Mail: info@naturstrom.de
Internet	*www.naturstrom.de/*

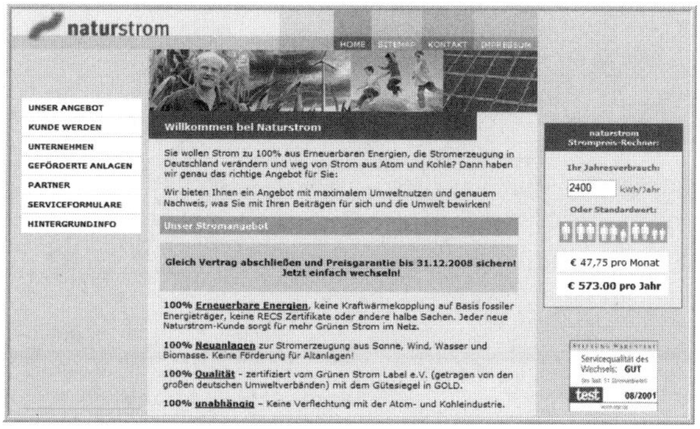

Anzahl Kunden	17.000 (Stand Dezember 2007)
Umsatz	ca. 20 Millionen Euro (geschätzt)
Mitarbeiter	nicht bekannt

Anbieter	**Naturstrom AG**
Tarifmodell	Es wird ein monatlicher Grundpreis und Arbeitspreis pro Kilowattstunde angeboten. Der Vertrieb läuft übers Internet.
Liefergebiet	bundesweit
Stromherkunft	Wasser 87 %, EEG 13 %
Investitionen in neue Anlagen	1 Cent/kWh, 1,25 Cent/kWh brutto werden für die Förderung der neuen Naturstrom-Erzeugungsanlagen verwendet.
Regenerative Energieproduktion	Verwirklichung eigener regenerativer Energieproduktionsanlagen (bislang mehr als 130)
Stromlabel	Grüner Strom Label Gold

Neue Anbieter

Yello

Anbieter	**Yello Strom GmbH**
Firmensitz	Köln
Firmeninhaber	EnBW Energie Baden-Württemberg AG (100 %)
Gründungsjahr	1999
Adresse	Yello Strom GmbH Taubenholzweg 1 51105 Köln Telefon: 0800 1900019 Telefax: 0800 9999974 E-Mail: kontakt@yellostrom.de
Internet	*www.yellostrom.de*

Anbieter	Yello Strom GmbH
Anzahl Kunden	1,3 Millionen
Umsatz	nicht bekannt
Mitarbeiter	nicht bekannt
Tarif- und Vertriebsmodell	Yello macht für jedes Liefergebiet ein individuelles Angebot, behauptet aber, jeweils unter dem Preis des örtlichen Grundversorgers zu bleiben. Vertrieb: Internet, Flyer, große Anzeigen in der Presse, Fernsehen, Anzeigen auf diversen Internetstromportalen und anderen Informationsportalen im Internet, um speziell auch Stadtwerken Konkurrenz zu machen (z. B.: auf Seiten zu München-Informationen)
Liefergebiet	bundesweit
Stromherkunft	Der Yello Strommix (2005): Kernenergie 52 % (Bundesdurchschnitt 29 %), Braunkohle, Steinkohle, Erdgas, Erdöl und Sonstige 32 % (Bundesdurchschnitt 60 %), erneuerbare Energien 16 % (Bundesdurchschnitt 11 %) = EnBW Strommix
Regenerative Energieproduktion	16 %, im Wesentlichen durch Wasserkraftwerke des Mutterkonzerns EnBW

eprimo

Anbieter	eprimo
Firmensitz	Neu-Isenburg
Firmeninhaber	RWE (100 %)
Gründungsjahr	2005 als Antwort auf die im EnWG geforderte Trennung von Stromlieferung und Stromnetz durch die Überlandwerke Groß-Gerau.
Adresse	eprimo GmbH Flughafenstraße 20 63263 Neu-Isenburg Telefon: 0180 100600 Telefax: 069 697670111 E-Mail: kundenbetreuung@eprimo.de

Anbieter	**eprimo**
Internet	*www.eprimo.de*

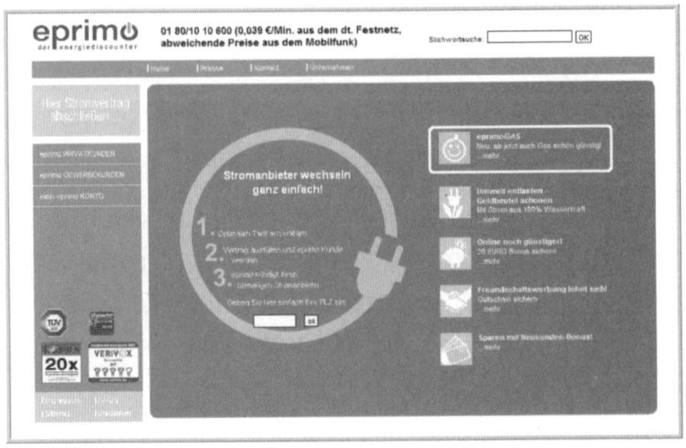

Anzahl Kunden	170.000 (Stand November 2007)
Umsatz	ca. 100 Millionen Euro (geschätzt)
Mitarbeiter	nicht bekannt
Tarif- und Vertriebsmodell	eprimo Single, emprimo Familie (ab ca. 4 Personen), eprimo City Specials (das sind spezielle Tarife für individuelle Städte) eprimoPrimaKlima – »das ist 100 % sortenreiner Wasserstrom«, TÜV-zertifiziert, kommt aus Österreich
Tarif- und Vertriebsmodell	Vertrieb: Internet, Vertriebs-Partnerschaft mit dem Telekommunikationsanbieter »The Phone House«
Liefergebiet	bundesweit
Stromherkunft	fossil und sonstige 56 %, Kernenergie 28 %, erneuerbare Energie 16 %

E WIE EINFACH

Anbieter	**E WIE EINFACH**
Firmensitz	Köln
Firmeninhaber	E.ON (100 %)
Gründungsjahr	2007
Adresse	E WIE EINFACH Strom & Gas GmbH Salierring 47-53 50677 Köln Telefon: 0800 4411800 Telefax: 0800 441180098 E-Mail: service@e-wie-einfach.de

Anbieter	**E WIE EINFACH**
Internet	*www.e-wie-einfach.de*

Anzahl Kunden	250.000 (Stand November 2007)
Umsatz	ca. 180 Millionen Euro (geschätzt)
Mitarbeiter	nicht bekannt
Tarif- und Vertriebsmodell	Im MeinCentTarif Strom ist jede kWh immer einen Cent günstiger als der allgemeine Preis des örtlichen Grundversorgers (und damit im Arbeitspreis um ca. 5 %). Die monatliche Grundgebühr ist dieselbe wie beim örtlichen Grundversorger. Bei Preissteigerungen werden die Preise erst nach einem Monat angepasst (Aussage E WIE EINFACH). Es wird außerdem garantiert, dass der Preis bei Erhöhungen nicht über das Niveau des Arbeitspreises bei Vertragsabschluss steigt. Diese Preisdeckelung nach oben besteht nach Lieferbeginn für zwei Jahre. Eine Mindestlaufzeit gibt es nicht. Vertrieb: Internet, Flyer, große Anzeigen in der Presse, Fernsehen, Vertriebspartnerschaft mit Lebensmittelketten (Lidl, Kaufland [SZ12074])
Liefergebiet	bundesweit
Stromherkunft	nicht bekannt

TelDaFax

Anbieter	**TelDaFax ENERGY**
Firmensitz	Troisdorf
Firmeninhaber	TelDaFax Holding AG (100 %)
Gründungsjahr	2006

Anbieter	**TelDaFax ENERGY**
Adresse	TelDaFax ENERGY GmbH Mottmannstraße 2 53842 Troisdorf Telefon: 01805 075705 Telefax: 01805 066605 E-Mail: info@teldafax-energy.de
Internet	*www.teldafax-energy.de*

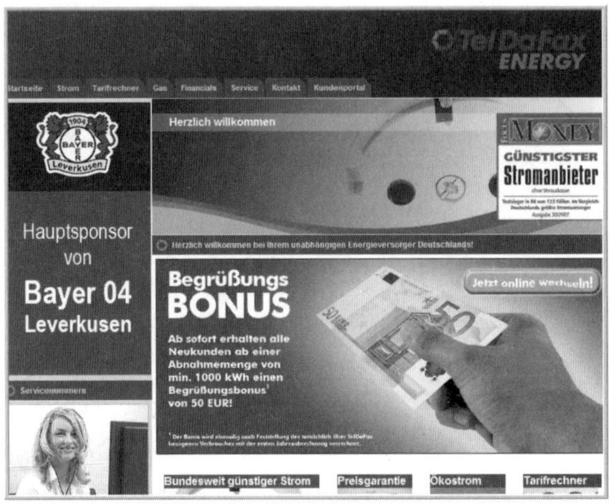

Anzahl Kunden	40.000 (Oktober 2007)
Umsatz	ca. 35 Millionen (geschätzt)
Mitarbeiter	70
Tarif- und Vertriebsmodell	Über einen Sonderabschlag wird eine Vorauszahlung erwartet. Je nach Höhe dieser Zahlung richtet sich der monatliche Grundpreis. Der Arbeitspreis pro kWh richtet sich ebenfalls nach der Höhe des Sonderabschlags und der gewählten Zahlungsweise. Der Ökotarif nennt sich TelDaFax ENERGY Sunpower (zertifiziert nach RECS). Der Vertrieb funktioniert über das Internet.
Liefergebiet	bundesweit
Stromherkunft	Kernkraft 26 %, fossil 61 %, regenerativ 13 %; TelDaFax ENERGY Sunpower 100 % regenerativ

FlexStrom

Anbieter	**FlexStrom GmbH**
Firmensitz	Berlin
Firmeninhaber	United Networks Industries AG (100 %)
Gründungsjahr	2003
Adresse	FlexStrom GmbH Einemstraße 22-24 10785 Berlin Telefon: 0180 5003709 Telefax: 03) 214998820 E-Mail: info@FlexStrom.de
Internet	*www.flexstrom.de*

Anzahl Kunden	200.000 (Stand November 2007)
Umsatz	ca. 140 Millionen Euro (geschätzt)
Mitarbeiter	nicht bekannt
Tarif- und Vertriebsmodell	Die Firma bietet Pakettarife (Prepaid) an. Je nach Kundengröße werden folgende Optionen angeboten: 1200er Single, 2400er Partner, 3600er Family, 5600er Big Family, 7800er Power und Spezialtarife für Berlin und Hamburg.
Tarif- und Vertriebsmodell	Vertrieb: Internet und lokale Plakataktionen
Liefergebiet	bundesweit
Stromherkunft	Kernenergie 26,2 %, regenerativ 20,1 %, fossil 53,7 %

1 2 3energie

Anbieter	**1 2 3energie**
Firmensitz	Ludwigshafen (Pfalzwerke)
Firmeninhaber	Pfalzwerke AG (100 %)
Gründungsjahr	nicht bekannt
Adresse	1 2 3energie Kurfürstenstraße 29 67061 Ludwigshafen Telefon: 01805 123363 E-Mail: click@123energie.de
Internet	*www.123energie.de*

Anzahl Kunden	nicht bekannt
Umsatz	nicht bekannt
Mitarbeiter	nicht bekannt
Tarif- und Vertriebsmodell	individuelle Berechnung je nach Bezugsgebiet, Vertrag und Preisgarantie jeweils für ein Jahr, Vertrieb übers Internet
Liefergebiet	bundesweit
Stromherkunft	Kernkraft 27,1 %; fossil 54,4 %, regenerativ 18,5 %

Nuon

Anbieter	**Nuon Deutschland**
Firmensitz	Berlin
Firmeninhaber	100%-Tochter des niederländischen Energiekonzerns Nuon Gruppe
Gründungsjahr	2000
Adresse	Nuon Deutschland GmbH Egellstr. 21 13507 Berlin Telefon: 030 409020 Telefax: 030 40902199 E-Mail: nicht bekannt
Internet	*www.nuon.de*

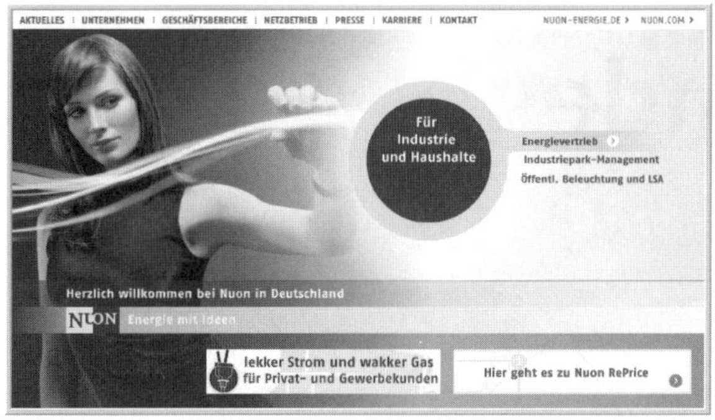

Anzahl Kunden	22.000
Umsatz	ca. 20 Millionen Euro (geschätzt)
Mitarbeiter	ca. 300
Tarif- und Vertriebsmodell	Preisgarantie für 12 Monate, Preisanpassung nach unten monatlich möglich Internet, freie Handelsvertreter für Neukunden
Liefergebiet	Hamburg, Berlin, Stuttgart, Kreis Heinsberg, Ratingen und Leipzig
Stromherkunft	nicht bekannt

Index

Numerisch

A

B

C

D

E

P

Q

R

S

Zum Nachlesen – die Quellen

[BNA2006] Bundesnetzagentur, *Untersuchungsbericht über die Versorgungsstörungen im Netzgebiet des RWE im Münsterland vom 25.11.2005*, Bonn, 2006.

[DANK2006] Uwe Dankert, *Wie Sie Ihre Stromkosten spürbar senken*, Franzis Verlag, 2006.

[DENA2005] *Energiewirtschaftliche Planung für die Netzintegration von Windenergie in Deutschland an Land und Offshore bis zum Jahr 2020*, Herausgeber: Deutsche Energie-Agentur GmbH (dena), Köln, 24.02.2005.

[FASZ09071] *Die Stromrebellin*, Frankfurter Allgemeine Sonntagszeitung, 9. September 2007.

[FASZ12071] *Stadtwerke verschwinden wie Tante-Emma-Läden*, Frankfurter Allgemeine Sonntagszeitung, 15. Dezember 2007.

[FASZ10071] *Unser Strom ist heute billiger als vor zehn Jahren*, Frankfurter Allgemeine Sonntagszeitung, 14. Oktober 2007.

[FASZ01081] *Deutschland investiert weniger in Öko-Energie*, Financial Time Deutschland online, 8. Januar 2008.

[ECOWWW] *http://www.ecotopten.de/prod_strom_prod.php*.

[EENER2007] Peter Hennicke, Manfred Fischedick, *Erneuerbare Energien*, C.H. Beck Wissen, 2007.

[KAHM2007] Persönliche Mitteilung Dr. Kahmann, **P**hysikalisch **T**echnische **B**undesanstalt (PTB), Braunschweig, 2007.

[KLIMA2007] Toralf Staud, Nick Reimer, *Wir Klimaretter – So ist die Wende noch zu schaffen,*Kiepenheuer & Witsch, 2007.

[RÜDLI2006] Rüdiger Liedtke, *Das Energiekartell – Das lukrative Geschäft mit Strom, Gas und Wasser*, Eichborn, 2006.

[RWE1991] RWE Energie AG, Abteilung Öffentlichkeitsarbeit und Information (Hrsg.), 1991.

[SOLAR07] *Die neue Generation Strom,* Solarboulevard, Ausgabe 4/2007.

[SPIE12007] *Der Störfall*, Der Spiegel, 43/2007.

[STIWA07] *Strom- und Gaspreise. Wechseln ist ganz leicht und lohnt sich,* Finanztest (Stiftung Warentest), November 2007.

[SZ12071] *Vattenfall startet bundesweit erst 2008*, Süddeutsche Zeitung, 13. Dezember 2007.

[SZ12072] *Mehr als 300 Stromanbieter erhöhen die Preise*, Süddeutsche Zeitung, 1. Dezember 2007.

[SZ12073] *Ist der Strompreis zu hoch?,* Süddeutsche Zeitung Magazin, 28. Dezember 2007, Seite 7.

[SZ12074] *Billigstrom beim Discounter*, Süddeutsche Zeitung, 8. Dezember 2007.

[SZ12075] *Die Energie zum Umbau*, Süddeutsche Zeitung, 28. Dezember 2007

[TELE2007] Dieter Seifried, *Grüner Strom – nur eine Fiktion?,* Telepolis special: Energiesparen, 01/2007.

[TELEONL01] Lars Lange, *Die Ökostromlüge*, Telepolis online im Internet: *http://www.heise.de/tp/r4/artikel/26/26671/1.html*

[ZEIT08071] Alexandra Endres, *Schwierige Rechnung,* Die ZEIT, Nr. 38, Hamburg, 2007.

[ZEIT09071] Marc Steinhäuser, *Das Geschäft mit dem Tarifdschungel*, Die ZEIT online, Hamburg, 13.September 2007.

[WIKIBOD] *http://de.wikipedia.org/wiki/Bodensee*

Die Verbraucher stöhnen unter der Last steigender Strompreise. Die regenerativen Energieträger wie Wind, Sonne und Biomasse boomen. Das Angebot wird jedoch kaum ausreichend sein, die Lücken in der zukünftigen Energieversorgung zu schließen.

Hier wird Ihnen gezeigt, wie Sie drei Fliegen mit einer Klappe schlagen:

- **Wie Sie Ihre Stromrechnung reduzieren**
- **Wie Sie Ihren CO2-Fußabdruck verkleinern**
- **Wie Sie unsere Energieversorgung zukunftssicher machen**

Wie Sie Ihre Stromkosten spürbar senken

Uwe Dankert; 2007; 128 Seiten

ISBN 978-3-7723-**4219-6** **€ 14,95**

Besuchen Sie uns im Internet – www.franzis.de

FRANZIS
DO IT YOURSELF
IM HAUS BAND 19
Bo Hanus
Wie Sie in 3 Jahren 3.000 Euro Strom- und Heizkosten sparen
Leicht gemacht, Geld und Ärger gespart!
▶ Heimlichen Stromfressern auf der Spur
▶ Energiesparende Heizkörperregelung
▶ Haussteuerung mit PC und Handy